In der Wüste der Wirklichkeit

Texte zum Film Band I·2

Texte mit Fußnoten 2

Vorbemerkung

In diesem Band sind Texte zu diversen Filmen versammelt, die aus akademischem oder auch nur rein wissenschaftlichem Antrieb entstanden sind, vorwiegend unveröffentlicht. Wie in Band I·1 habe ich sie, bis auf orthographische Modernisierung, im Prinzip so gelassen. Mit den Fußnoten muss man dann leben, steht ja über Quellenangaben hinaus auch manchmal richtig was drin.

Über den Autor

Daniel Petersen wurde 1968 geboren. Er studierte Film an der New York University sowie Philosophie und Filmwissenschaft in Hamburg und Lüneburg. Nebenher vertrieb er sich die Zeit als Cinephiler, Drehbuchlektor, Übersetzer, Drehbuchautor, Filmkritiker, Filmmacher, Synchronschreiber und überhaupt Freier Autor. Selbstredend weitgehend erfolglos. Er lebt in Hamburg und auf dem Saturn.

Inhalt

Metropolis, erwache! (1994)
Fritz Langs *Metropolis* als Ouvertüre des Faschismus

In der gängigen Sekundärliteratur ist es fast schon ein Gemeinplatz, dass Fritz Langs *Metropolis* ein zwar formal überwältigender aber inhaltlich schlichter bis politisch zweifelhafter Film sei. Ein ästhetischer Vorschein des Nationalsozialismus sei er gewesen und außerdem einer von Goebbels' erklärten Lieblingsfilmen.

Diese und andere Vorwürfe treffen zwar alle zu, doch beschränken sich die allermeisten Darstellungen zur Illustration auf die im letzten Teil betriebene Versöhnung zwischen dem Fabrikanten und dem Arbeiterführer, vermittelt durch ebenden herbeigesehnten "Mittler zwischen Hirn und Hand"[1], in diesem Fall den Sohn des Fabrikanten, dessen Heraufkunft von einer Arbeiter-predigerin angekündigt wurde. Kurze Hinweise auf diesen Ausgang der Geschichte reichen den eifrigen Ideologie-kritikern meist, ihr Urteil zu untermauern: Der Schulterschluss von Arbeit und Kapital, die freundschaftliche Einigung "unter Umgehung von Tarifver-handlungen", wie Rudolf Arnheim schrieb,[2] (und nicht etwa Béla Balázs, wie in der offensichtlich voneinander abschrei-benden populären Sekundärliteratur so gern kolportiert wird,) ist wahrlich der künstlerische Ausdruck der später betriebenen Zusammenschweißung der antagonistischen Klassengesell-schaft zu einer Volksgemeinschaft, die nur noch Deutsche kennt.

Dieser dramaturgisch eher plump erzwungene Schlussgag ist aber keineswegs das einzige Moment, das den Film zu einem unrettbar und genuin nationalsozialistischen Werk macht. Vielmehr ist *Metropolis* – natürlich neben seiner

---

[1] Alle ungekennzeichneten Zitate entstammen dem Film, und zwar der mir zugänglichen restaurierten Fassung des Staatlichen Filmarchivs der DDR.
[2] Rudolf Arnheim, *Film als Kunst*, Fischer tb, S. 199

unbezweifelten künstlerischen Meisterschaft – beinahe durchgängig ein Fanal für die nationale Erweckung, auf inhaltlicher
wie auf bildlicher Ebene, eine mehr oder minder verschlüs-
selte Enzyklopädie faschistischen Gedankengutes, "randvoll
an unterirdischem Gehalt, der die Grenzen des Bewusstseins
unverzollt, wie Konterbande, überschritt.", so Siegfried
Kracauer[3]. Hierfür sollen im folgenden anhand von
Einzelanalysen Belege geliefert werden.[4]

Das Ambiente

Der unmittelbare Anfang verrät schon, womit wir es zu tun
haben werden. Der dem Monumentalfilm vorangestellte
"Sinnspruch: Der Mittler zwischen Hirn und Hände muss das
Herz sein." verbindet bereits den folgenden technizistischen
Größenwahn mit dem bodenständigen Waschküchendeutsch,
das schon immer Probleme mit dem Dativ hatte.[5] Marinettis
Verdammung der "alten, von HOMER ererbten Syntax" klingt

---

[3] Siegfried Kracauer, Von Caligari zu Hitler, stw, S. 171
[4] Vermerkt sei, dass diese Analyse *for the sake of the argument*
einseitig gehalten ist. Wenn ich diesem oder jenem Detail eine
präfaschistische Disposition unterschiebe bedeutet dies keineswegs,
dass nicht ein und dasselbe Detail zur selben Zeit hohen
künstlerischen Wert beanspruchen kann, oder auch eine mehrdeutige
Interpretation, deren angemessene Würdigung aber zu weit vom
Thema führen würde. Was hier interessiert ist gerade das Heikle an
diesem Film, dass er mit gutem Grund in sämtlichen Bestenlisten der
Filmgeschichte gelandet ist, und nicht wie *Jud Süß* im Giftschrank.
[5] (Späterer Nachtrag:) In der vom Münchner Filmmuseum unter
Leitung von Enno Patalas rekonstruierten Fassung, die sporadisch als
work in progress im Kino gezeigt wird, ist der "Sinnspruch"
grammatikalisch korrekt wiedergegeben, allerdings sind hier
sämtliche Titel erkennbar erneuert worden. Die Titel der DDR-
Version dagegen ähneln typographisch und in der Bildqualität der
zeitgenössischen Produktion, scheinen also authentisch zu sein.

hier nach, sein "stürmisches Bedürfnis, die Worte zu befreien, sie aus dem Gefängnis des lateinischen Satzbaus zu ziehen."[6] Die Erlösung durch den Mittler verheißt mit der Befreiung von nationaler Knechtschaft auch diejenige von rationalen Sprachregeln. Der Volksgeist darf nun ungehemmt drauflosreden.

Darauf folgt eine futuristische Ouvertüre, die mit wirbelnden Spulen, stampfenden Bolzen und mahlenden Zahnrädern die Sinne einstimmt und aufnahmewillig macht für nachfolgende Apotheosen der Maschinenkraft, der Dynamik, der Geschwindigkeit, der Simultaneität. Dem Zuschauer wird die unerbittliche Kraft und Schnelligkeit der Maschinen anfangs noch mal in reiner Form nahegebracht, er erfährt die eigene Machtlosigkeit gegenüber der auftrumpfenden Technik, seine Sinne verwirren sich angesichts der pulsierenden Energie, wie ihm die Durchblendung verschiedener Maschinenbewegungen suggeriert. Die mechanisch-rhythmische Wiederholung immergleicher kraftvoller Bewegungen durchschüttelt selbst den passiven Rezipienten und präsentiert ihm eine Festigkeit und innere Kontinuität, die er als unvollkommenes Menschenwesen als ihm überlegen anerkennen muss. Zur Faszination für und späteren Selbstübergabe an das allmächtige Gegenüber ist es dann nur noch ein Schritt. Die Maschine marschiert und schleift den Menschen als Anhängsel mit.[7] Diese futuristische Gestimmtheit verlässt den Film nicht mehr, auf diese Weise gleichsam präformiert und

---

[6] F.T. Marinetti, "Technisches Manifest der futuristischen Literatur", in H. Schmidt-Bergmann, *Futurismus – Geschichte , Ästhetik, Dokumente*, rowohlt, S.282. – Jede hier gezogene Parallele zwischen Futurismus und Faschismus soll keineswegs eine glatte Synonymie unterstellen, weder in der Idee noch in der historischen Faktizität. Ich beziehe mich einzig auf ihre offenliegenden Berührungspunkte.
[7] Am Rande: Die fatale Ähnlichkeit von Marschmusik und Techno bedürfte unter diesem Gesichtspunkt einer gesonderten Betrachtung.

infragegestellt verfolgt der Zuschauer die ganze Handlung. Seine verunsicherte Identität bietet der Erzählung Raum, sie mit deren eigenem Material zu füllen.

Auch zeigen spätere Stadtansichten eine Stadt, die sich quasi verselbständigt hat, worin die Menschen allenfalls als Manövriermasse auftauchen, die von einem auf mehreren Ebenen stattfindenden metallenen Massenverkehr durch die Gegend bewegt wird. Die präzis-statische Bewegung der Modelle projiziert sich hier auf das vorgestellte Gesamtgefüge, der als Chaos erfahrene Verkehr moderner Städte erscheint aufgehoben in einem zwar schwerfälligen aber reibungslos ineinandergreifenden Uhrwerk zukünftiger Mobilität. Die Illusion der Verlorenheit in dieser perfekten Übermacht wird verstärkt einerseits durch schräge Winkel, andererseits durch futuristische Durchblendung verschiedener Ansichten. Das simultane Durcheinander einzelner Eindrücke in ungewöhnlicher Perspektive entzieht die Logik der Stadt der Erfahrung und damit dem Verständnis des Normalmenschen. Er ist konfrontiert mit einem riesigen Organismus, dessen innere Gesetze seinen Horizont übersteigen und der offensichtlich zugleich seinen Alltag blind zu regeln vermag. Es geht ja wieder drunter und drüber hier, aber die Züge fahren gottseidank pünktlich! – diese historische Feststellung spiegelt schon das wohlige Gefühl des Aufgehobenseins in einer Maschinerie, die das städtische Gewimmel im Minutentakt zu bändigen versteht.

Dieses Gewimmel kommt in *Metropolis* schon gar nicht mehr vor, zumindest nicht dort, wo alles seinen gewollten Gang geht. Abgesehen von den jeweiligen Hauptfiguren sind die Straßen, in der Unter- wie in der Oberstadt, meist leergefegt, die wenigen Passanten gehen gesittet ihres Weges, die Stadt selbst lässt schon niemanden mehr auf die Straße, den sie nicht selbst hinaus geschickt hat. Die befremdliche Abwesenheit einer jeglichen Ordnungsmacht in Metropolis klärt sich auf: Der Mechanismus der Stadt selbst schafft Ordnung, und zwar indem er sie weniger aufrechterhält denn überhaupt erst produziert. Metropolis kann auf eine Exekutive verzichten, da wie in jedem gesunden Organismus das Funktionieren des Ganzen vom Wohlverhalten all seiner Teile abhängt, welche wiederum auch durch es erst überlebensfähig sind. Jeden Verstoß gegen die Gemeinschaft ahndet sie mit ihrem beginnenden Zerfall, der zuerst die schwächsten Glieder ereilt. Man kann sich abends endlich wieder vor die Tür trauen.

Die organizistische Einrichtung von Metropolis ist verstärkt durch die zentrale Bedeutung der sogenannten Herzmaschine, betrieben vom obersten Werkmeister Grot, von der anscheinend das Funktionieren aller Maschinen der Stadt abhängt. Sie erhält und leitet den gigantischen Betrieb, weswegen sie oberstes Angriffsziel der maschinenstürmenden Arbeiter ist. Die Strukturiertheit der mechanisierten Stadt in organischen Kategorien, die explizite Gleichsetzung von Führung mit Hirn, Produktion mit Hand und gleichsam Verwaltung mit Herz (mit mechanischem Herz wohlgemerkt – das personifizierte Herz, das Verbrüderung zwischen "Hirn und Hände" stiften soll, wird ja erst herbeigesehnt) ist Indiz für eine zutiefst futuristische Sehnsucht nach Verschmelzung des Einzelnen mit der Maschine, mit dem Ensemble aller Maschinen, die, nunmehr durch einen organischen Aufbau beseelt, zum alles integrierenden mechanischen Volkskörper sich veredeln. Die Belehnung der Technik mit organischen, menschlichen Begriffen ist ein erster Schritt, ihre abweisende Spröde aufzulösen und gleichsam saugfähig zu machen, aufnahmebereit für menschliche Projektionen.

Freders Vision der Maschine, die sich in einen menschenfressenden "Moloch" verwandelt, ist unter diesem Gesichtspunkt keine Verurteilung der inhumanen Technik als solcher, eher das Entsetzen darüber, dass die Entwicklung zur Symbiose von Mensch und Maschine auf einer entarteten Vorstufe stockt, auf der die noch inkongruenten Arbeitsrhythmen beider Seiten in Konflikt geraten. Die an ihren Hebeln und Riesenzeigern aufgeregt bis schlapp im Takt zuckenden Arbeiter haben mehr vom überbeanspruchten Hilfsarbeiter, der für den Fachmann einspringen musste, als von Geknechteten. Vor das Mitleid mit den vom Produktionsprozess vergewaltigten Individuen schiebt sich das Mitleid mit den unvollkommenen Menschlein, die mit der Technik, sozusagen mit ihrer eigenen Größe, noch nicht Schritt halten können.

Im verheißungsvollen Ende des Films bleibt der Betrieb der Maschinen unangetastet, die Klassengesellschaft sowieso, das Dilemma erschien einzig in der dichotomen Segregation der Arbeitermassen von der Oberklasse, deren beider Ignoranz und Desinteresse keinen Sinn für das gemeinsame Projekt zuließ. Nach der Versöhnung durch den Mittler aber wissen alle um ihren Platz im organischen Ganzen und werden ihr möglichstes tun, dieser Aufgabe gerecht zu werden. Dazu gehört dann auch, nicht gleich wie ein Schwächling zusammenzuklappen, wenn die Arbeit etwas anstrengender wird. Stählerne Maschinen einer stählernen Gesellschaft brauchen nun mal stählerne Operateure.

Zum organizistischen Charakter der Metropolischen Gesellschaft gehört auch ihre Aufspaltung in einen oberirdischen und einen unterirdischen Teil, dieser ein düsteres, leicht in expressionistischen Diagonalen beleuchtetes Proletarierreich, kalt und unbelebt bis auf die vegetierenden Bewohner, jener der Bereich, in dem das städtische Leben tobt, besser sich dahinwälzt, und in dessen Wipfeln die dekadente Oberklasse ein unbeschwertes Leben genießt. Diese Spaltung von lichter Oberwelt und ins Erdreich verbannter Unterwelt drängt den Vergleich zur menschlichen Psyche, zum Antagonismus von Bewusstsein und Unbewusstem auf. Tatsächlich rumort es im dunklen Untergrund, die Arbeiter treffen sich zu geheimen Zusammenkünften, spärlich nur gelangen Hinweise in Form von mysteriösen Karten an die Oberfläche. Die Mächtigen der Oberwelt sind beunruhigt darüber, was in den schwer auslotbaren "zweitausendjährigen

Katakomben, tief unter den Tiefbahnen" vor sich geht und fühlen ihre Ordnung bedroht.

Die Geheimtreffen aber sind keineswegs konspirativ, wie eine frühchristliche Sekte[8] finden sich die Arbeiter zum gemeinsamen Gebet ein, vor Kreuzen und allem, während die echte Maria den Gläubigen zur Belehrung und Ermahnung die alte Geschichte des Turmbaus zu Babel erzählt, dessen anfängliche Energie und Begeisterung in Zerstörung

---

[8] Der Bezug aufs Urchristentum ist keine reine Analogie, die Altersangabe der Katakomben weist unmissverständlich auf die ersten nachchristlichen Jahrhunderte. Natürlich gesetzt den Fall, der Film spielt ungefähr um das Jahr 2000 oder wenig später, was die Sekundärliteratur allerdings nahelegt (vgl. z.B. Lotte Eisner, *Fritz Lang*, Da Capo Pb, p. 83). Die Bemühung einer damaligen Autorität gäbe ähnliche Hinweise: Oswald Spengler sah die westliche Zivilisation zwischen 2000 und 2200 bestimmt von "Ausbildung des Cäsarismus. Sieg der Gewaltpolitik über das Geld. Zunehmend primitiver Charakter der politischen Formen. Innerer Zerfall der Nationen in eine formlose Bevölkerung. Deren Zusammenfassung in ein Imperium von allmählich wieder primitiv-despotischem Charakter". Nach 2200 erwartete er das "Heranreifen der endgültigen Form: *Privat- und Familienpolitik von Einzelherrschern*. Die Welt als Beute. Ägyptizismus, Mandarinentum, Byzantinismus. Geschichtsloses Erstarren und Ohnmacht auch des imperialen Mechanismus gegenüber der Beutelust junger Völker oder fremder Eroberer. Langsames Heraufdringen urmenschlicher Zustände in eine hochzivilisierte Lebenshaltung" (Spengler, *Der Untergang des Abendlandes*, dtv, III. Tafel, ab S. 70). Parallelen zu Metropolis sind offensichtlich, allerdings ist mir von einer Spenglerlektüre Langs oder v. Harbous nichts bekannt.
Die geschichtlichen Verweise reichen noch weiter. Nachdem das Römische Reich das unterirdische Christentum nicht besiegen konnte, wurde es von Kaiser Konstantin auf dem Konzil von Nicäa 325 kanonisiert, und Kaiser Theodosius erklärte es 381 auf dem Konzil von Konstantinopel kurzerhand zur Staatsreligion. Die brodelnden Massen fühlten sich geehrt und waren vorerst ruhiggestellt. Das Reich hielt noch eine Weile.

umschlug, als die Arbeiter den Kontakt verloren zu ihrer Führung, die diese Großtat ersonnen: "Gleiche Sprache sprechend, verstanden die Menschen sich nicht." Längere Zeit schon predigt sie von klassenübergreifender Liebe und vom Mittler, der die neuerliche Kluft zwischen Arbeitern und Führung schließen werde und ferner, dass man schlicht auf seine Ankunft warten müsse.

Der Impuls zur glücklichen Erneuerung der Gesellschaft von Metropolis geht vom Untergrund aus, vom Rekurs auf das Ursprüngliche, das von der Moderne Verdrängte, das die in der Oberwelt Tanzenden längst vergessen haben. Der Konflikt von düster brodelndem Es mit der rationalistischen Oberwelt des Ich ist projiziert auf die antagonistische Gesellschaft, die Rettung wird gelegt in die dem technologischen Fortschritt geopferten Werte und Glaubensinhalte, die unverzerrt man nur noch im reinen Grund der erdverbundenen Volksseele vermutet. Das in der bürgerlichen Welt eingekerkerte Irrationale und Leiden-schaftliche will endlich zu seinem modernsten Ausdruck hervorbrechen.

Auch ohne die Anreicherung dieses unterirdischen Kanons mit Vorstellungen mittelalterlicher Magie, wie es Langs ursprüngliche Intention war,[9] wird die historische Ausrichtung der topographischen und somit sozialen Gegensätze deutlich.[10] Als Königsweg erstrahlt die

---

[9] Vgl. Eisner, *Fritz Lang*, S. 90 und Enno Patalas über *Metropolis*, in Grafe, ders., Prinzler, Syr, *Fritz Lang*, Hanser, S.94

[10] "Der Kampf zwischen mittelalterlicher und moderner Wissenschaft hätte der sozialen Etagenkonstruktion vielleicht eine historische eingezogen: das Mittelalter als das Verdrängte des aufgeklärten Bewusstseins, wie das Proletariat das gesellschaftlich Verdrängte der Bürgerherrschaft ist." Patalas, a.a.O., S. 96.
"Man hat gesagt, der Faschismus sei eine Rebellion gegen die Moderne gewesen, Ergebnis der Krise einer Gesellschaft im Übergang vom traditionellen Lebensrahmen zu dem der

Kurzschließung der hochtechnisierten und überfeinerten Gesellschaft, die selber noch an eigenproduzierten Konflikten krankt, mit den grundguten Idealen einer vergangenen Epoche, deren Flamme gerade in den esoterischen Zirkeln der Ausgestoßenen am Leben erhalten wird. Diese Potenz artet ins Zerstörerische nur aus, als übelwollende Kräfte die geballte Energie der unterdrückten alten Wahrheit in die kämpferische Richtung lenken. Nur die friedliche Einigung der bewussten Gegenwart mit der in ihren dunklen Eingeweiden glimmenden Leidenschaft werde die messianische Gesundung der Schicksalsgemeinschaft herbeiführen, so die eindeutige

---

abgeschlossenen Industrialisierung, also eine Revolte im Namen einer bewusst archaischen Utopie."
"der Mythos als Spur oder Echo versunkener Kulturen geistert durch eine von exzessiver Rationalität erfüllte Vorstellungswelt und wird damit zum Kristallisationspunkt für die schweifenden Ströme des Archaischen und der Irrationalität."
"es gibt im Faschismus generell und speziell im Nazismus eine sehr große nostalgische Kraft. Eine heftige Sehnsucht nach dem Vergangenen, die im Nazismus sozusagen per definitionem steckt, denn er schaut zurück auf die verlorene Welt der Prämoderne, auf das archaische Universum vor der Sintflut, im Gegensatz zum Marxismus, der nach vorn schaut, auf die Gesellschaft der Zukunft, von deren Kommen er überzeugt ist und die er als das 'ganz andere' erwartet."
 Saul Friedländer, *Kitsch und Tod – Der Widerschein des Nazismus*, dtv, SS. 23, 43, 33 Die Rückwärtsgewandheit des Faschismus bedeutet natürlich nicht, dass man zurück will zu Ackerbau und Viehzucht. Gerade der futuristische Geist ist besessen von der Zukunftsgesellschaft; im Gegensatz zum (naiven) Marxismus allerdings nicht von einer, die das Ganz Neue bringen wird, sondern von derjenigen, die bestehende Vorgänge mit Maschinenkraft zu ihrem Extrem beschleunigt. Seine nazistische Wendung schließlich träumt von einem Arkadien aus Leder und Kruppstahl.

Botschaft, einzig "das Uralte und das ganz Neue"[11] in brüderli-chem Zusammenschluss verheißten das Paradies. Uns Späteren kommt diese "Mischung von technologischer Besessenheit mit archaisierendem Romantizismus"[12], deren der Film durchgängig huldigt, dann höchst bekannt vor.

Die Massen

Über die Inszenierung der Massen in Langs Film ist noch am meisten geschrieben worden.[13] Haben Einzelpersonen nach

---

[11] "Archaische Vorstellungen werden mit modernen technologischen und propagandistischen Mitteln durchgesetzt. Mythisierende Einbildungen mit deutlich paranoider Färbung werden in die Vergangenheit rückprojiziert und durch bewusste Steuerung unbewusster Tendenzen zu Leitmotiven und Handlungsvorschriften für Gegenwart und Zukunft umfunktioniert. Der Wille der glorifizierten Jugend soll das gleichermaßen glorifizierte Urälteste wiederherstellen." Friedrich Hacker, *Das Faschismus-Syndrom*, Fischer tb, S. 73

[12] ebd. S.124

[13] "Geometrie der Massen – (...) Die statische Symmetrie von SIEGFRIEDS TOD löste einen langsamen Rhythmus aus, der erbarmungslos schien wie das Fatum, das über dem barbarischen Epos lastet. In METROPOLIS, wo die Massen zu dirigieren sind, wird dieser Rhythmus dynamischer. (...) Die Menge der Sprechchöre (Max Reinhardts, den Lang genau studierte, D.P.) schien eine dichte, dunkle Masse, oft wirkte sie völlig amorph, sie war einer langsamen, automatisch-schweren Bewegung unterworfen. (...) (Langs Arbeitermassen) – diese entpersönlichten Figuranten sind alle in diese geometrischen Formen eingebunden, nicht eine einzelne, individuelle Bewegung durchbricht die präzisen Linienführungen. (...) Die Bewohner der unterirdischen Stadt sind fast noch mehr Automaten als jener Automatenmensch, (...) sie sind dem Rhythmus komplizierter Maschinen völlig eingeordnet. (...) Die extreme Stilisierung verwandelt den Menschen in ein Objekt (...) Lang versucht immer intensiver, Komparsen-Gruppen in geometrische Formen einzuschliessen. Schon in SIEGFRIEDS TOD war der

den *Nibelungen* wieder eine gewisse emotionale und räumliche Bewegungsfreiheit erlangt – schließlich galt es nicht mehr, ein ewig waltendes Schicksal bis in persönliche Einzelregungen hinein gehorsam auszuführen, sondern einen als falsch erkannten Weltlauf durch spontane Reaktion umzubiegen – so bleibt die Masse, hier die der Arbeiter, in überindividuelle Formen gezwängt, angeordnet zu einem Ornament, das den einzelnen zum bloßen Baustein macht, zum Zuträger einer in Architektur und Bildaufbau manifestierten Idee. Ob sich die Arbeiter in einem exakt geschnittenen Rechteck im Gleichschritt zur Arbeit schleppen, ob sie noch schwacher, aber nichtsdestotrotz in Formation, von der Arbeit kommen, ob sie bei der Arbeit in geordneten Kleingruppen umhergehen, ob sie mit schlechtem Gewissen in Dreieckform die Treppe der Kathedrale hochschleichen, ob sie selbst in panischer Verwirrung noch zu Mustern sich zusammenfinden, sie bewegen sich einzig als geometrische Grundformen, die dem Auge eines distanzierten Betrachters gefällig sind. Die Ästhetisierung der Politik, die der Faschismus betreibe, wie Walter Benjamin schrieb, die Aufhebung des Gehaltes in der Oberfläche haben auch hier ihren Platz; wieder erfährt der Zuschauer eine wohlige Einschmelzung der Individuen samt ihren realen Konflikten zu einem über inhaltliche Kritik erhabenen ästhetischen Großgebilde.[14]

---

menschliche Körper oft ein Element des Dekors; in METROPOLIS wird er ein wesentlicher Faktor der Architektur selbst", Lotte H. Eisner, *Die dämonische Leinwand*, erweiterte Neuausgabe, Komm. Kino Frankfurt 1975, SS. 221, 223, 225f.
"In *Metropolis* ist für den Regisseur nur die plastische Form wichtig. Die Komposition des Bildes ist alles. Der Mensch spielt in diesem Film eine untergeordnete Rolle, er ist nur ein Element der 'menschlichen Architektur'. Die Personengruppen ordnet Lang in geometrischen Figuren an und bevorzugt dabei die Pyramidenform.", Jerzy Toeplitz, *Geschichte des Films* , Bd. 1, Henschelverlag, S. 426.
[14] "Überhaupt betrachtete Lang die Szenarien seiner Frau wohl vornehmlich als Libretti, die ihm gestatteten, seine Bild- und

An dieser Stelle kann man mit Frieda Grafe einwenden, dass darum es Lang gerade ging, nicht die dünne Kruste der physischen Realität zu zeigen, sondern ihren inneren Aufbau, ihre Formationsgesetze, den Prozess ihrer Entstehung anzuhalten kurz bevor der unterirdische Strom, der sie speist, an die Oberfläche tritt und sich in spezifischer Ausformung verliert.[15] Dem humanistischen Ideal der

---

Bewegungsarrangements auf einen Handlungsfaden aufzuziehen. Aber eben diese Indifferenz dem Geschehen gegenüber stützt dessen antihumanen Aspekt: indem menschliche Schicksale abstrakten Kompositionen unterworfen werden, wiederholt sich an ihnen, was ihnen nach dem Willen der Autorin bereits angetan wird." Gregor/Patalas, *Geschichte des Films*, Bd. 1, rowohlt tb, S. 59 Hierzu natürlich auch Kracauer: "Träger des Ornaments ist die *Masse*. Nicht das Volk, denn wann immer es Figuren bildet, hängen diese nicht in der Luft, sondern wachsen aus der Gemeinschaft hervor. (...) Sie werden aus Elementen zusammengestellt, die nur Bausteine sind und nichts außerdem. Zur Errichtung des Bauwerks kommt es auf das Format der Steine und ihre Anzahl an. Es ist die Masse, die eingesetzt wird. Als Massenglieder allein, nicht als Individuen, die von innen her geformt zu sein glauben, sind die Menschen Bruchteile einer Figur." Kracauer, *Das Ornament der Masse*, st, S. 51
[15] "Langs Filme sind nicht realistisch. Nie reflektieren sie unmittelbar die Umwelt. Sie gehen aus von einer mit den spezifischen Mitteln des Kinos erarbeiteten und erkennbaren abstrakten Form von Realität, eine Methode, deren Wahrheitsanspruch sich darin gründet, dass sie dem artifiziellen, gemachten, historischen Charakter gesellschaftlicher Realität gerechter wird als alle Vorstellung planer Abbildung von Realität." "Wenn man Renoirfilme sieht, dann vermittelt jede Einstellung die Begeisterung über diesen neuen Apparat, über die Kamera, die wie nichts zuvor die Vielfältigkeit der Erscheinungswelt fassen kann. Die kümmert Lang nicht, er sucht nach den Gesetzen." "Nicht Lang 'mit seinem Hang zum Ornamentalen drängt die Massen in dekorative Muster' (Kracauer). Diese Muster sind Formen, von denen die Gesellschaft geprägt ist. Die dann in Erscheinung treten,

Persönlichkeit und Individualität werde man um so gerechter, je weniger man zugunsten eines heuchlerischen Oberflächen- realismus ihre Prä- und somit Uniformiertheit im Spät- kapitalismus verleugnet. Den in geometrische Formen gezwängten Menschen wird hiernach keine Gewalt angetan, es wird nur diejenige herausgestellt, die die Gesellschaft ihnen sowieso schon antut. Schließlich handelt es sich um Repräsentationen und nicht um wirkliche Individuen, deren letzterer wirkliche Unterdrückung wiederum in solch abstrahierender Repräsentation um so reiner zur Darstellung kommt.

Vor allem aber verläuft die Trennungslinie nicht zwischen Inhalt und Oberfläche, zwischen Arbeitern und Bildaufbau. Die Gruppierung zum Ornament stellt eine dramatische Möglichkeit dar, den jeweiligen Kollektiv- charakter der zugerichteten Menge zum Ausdruck zu bringen. Auch in dieser Perspektive besteht das Volk nicht aus Einzelwesen, die zu einem Gesamtwillen sich zuarbeiten; das

---

wenn man, ohne beschönigenden Humanismus vor den Augen, die Gesetze hinter der Vielfalt des Alltäglichen sucht."
"dekorativ heißt für ihn nicht zusätzliches, überflüssiges schmückendes Beiwerk. Das Dekorative ist für ihn ein genuines Mittel filmischer Erzählung."
"Das Ornamentale war Mode, als der Nibelungenfilm entstand. Es war eine Chiffre auch für Abhängigkeit und Zusammenhänge mit der Dingwelt, die man gerade erst zu entdecken begann."
Frieda Grafe, "Für Fritz Lang. Einen Platz, kein Denkmal", in *Fritz Lang*, Hanser, SS. 22f, 34, 35, 57, 59
Dazu wieder Kracauer: "Die in (den ornamentalen Massenbewegungen) gegliederte Masse ist aus den Büros und Fabriken geholt; das Formprinzip, nach dem sie gemodelt wird, bestimmt sie auch in der Realität. Wenn große Wirklichkeitsgehalte aus der Sichtbarkeit unserer Welt abgezogen sind, so muss die Kunst mit den übrig gebliebenen Beständen wirtschaften, denn eine ästhetische Darstellung ist um so realer, je weniger sie der Realität außerhalb der ästhetischen Sphäre enträt." Kracauer, *Ornament*, S 54

abstrakte "Volk" selbst ist Subjekt bzw. Objekt des Geschehens, eine schwammige amorphe Masse namens "die Arbeiter", die die einzelnen Arbeiter in sich aufhebt und je nach Situation über sie ihre Gestalt bildet. Je nach ihrem momentanen geistigen und physischen Zustand, eben je nach der Art der gesellschaftlichen Formierung bildet die Masse ein Muster in visueller Entsprechung. Oder allgemeiner eine charakteristische Anordnung im Raum, denn die eingegangenen "Ornamente" beruhen nur zum Teil auf Ordnung, Symmetrie und Ebenmäßigkeit, die geometrischen Grundformen bilden nur einen Teil der Varietäten des kollektiven Ausdrucks. Es stimmt nämlich schlicht nicht, dass die Arbeiter andauernd und unterschiedslos in solchen Mustern auftreten, wie beispielsweise Kracauer beobachtete[16], jedenfalls nicht in Ansicht der mir vorliegenden Version. Die unterirdisch betenden Arbeiter befinden sich selten in systematischer Anordnung, gerade ihre Zusammenkunft in keiner erkennbaren Einförmigkeit bedeutet auch gleichsam performativ eine Subversion des oberirdischen Formzwangs. In genau ihrem Abstieg zu den Höhlen vollzieht sich die Auflösung des industriellen Gleichmaßes, auf den Treppenstufen, im Durchgangsreich, schleppen sich die erschöpften Arbeiter teils noch annähernd im Gleichschritt,

---

[16] "in METROPOLIS erscheint das Dekorative nicht nur als Selbstzweck, sondern unterläuft sogar gewisse, mittels der Handlung getroffene Aussagen. Es leuchtet ein, dass die Arbeiter auf dem Weg zur und von der Arbeit ornamentale Gruppen bilden; aber es ist unsinnig, sie in solche Gruppen zu zwingen, wenn sie in ihrer Freizeit einer tröstenden Ansprache des Mädchens Maria zuhören. In seinem unbedingten Willen zur Ornamentalisierung scheut Lang nicht davor zurück, dekorative Muster aus jenen Massen zu bilden, die verzweifelt der Überflutung der Unterstadt zu entfliehen suchen. Die Überschwemmungsszene, filmisch eine unvergleichliche Leistung, bezeugt menschlich ein schockierendes Versagen." Kracauer, *Von Caligari zu Hitler*, S. 159

teils bereits formlos hinunter, bis zur Einstellung ihrer Ankunft, die fast den Eindruck der inszenierten Uneinheitlichkeit erweckt. Selbst die geordnete Unordnung während des ersten Auftretens der Predigerin verliert sich später in fast aggressivem Chaos, in einem Durcheinander wütender Gesichter und sich reckender Fäuste, als die falsche Maria die unruhige Masse zur Revolution anstachelt.

Auch während der unterirdischen Überschwemmung flieht niemand im Dreieck, jeder läuft wild durcheinander wie man es in Panik eben tut, erst als die Menge sich beschwörend um Maria schart, sie sehnsüchtig um Rettung vor dem Chaos anfleht, findet sie zurück zum Ornament der mythischen Überhöhung. Offensichtlich befindet sich die Masse dann nur in räumlicher Ordnung, wenn sie sich auch in der Ordnung der Gesellschaft befindet, die Auflösung der Muster bezeugt einen schwindenden Zugriff der Herrschaft.

Nun bedeutet dies keineswegs, dass hier kein regressives Menschenbild gepredigt wird, die Darstellung der Massen in verschiedenen Graden der Geordnetheit ist nämlich alles andere als rein dramatisch und wertfrei. Deutlich werden auch die Grenzen von Grafes Kritik. Es mag stimmen, dass nur ein solches Massenornament die institutionelle Gewalt über die Individuen an die Oberfläche zerrt und die Darstellung einer ausschließlich frei waltenden, individuell differenzierten Menge eine Lüge wäre. Langs amerikanische Filme zeigen z.T. vorbildlich die Verlorenheit des Individuums im Würgegriff eines übermächtigen verselbständigten Systems, das ursprünglich zu seinem Vorteil erdacht war. Problematisch wird es, wenn die strukturelle Beherrschung der Individuen, wie sie in den *Nibelungen* und besonders in *Metropolis* visuell zum Ausdruck kommt, zu guter Letzt als die wünschenswerteste Daseinsform angepriesen ist. Es ist schon abschreckend, die geschundenen Arbeiter in genau proportionierten Quadern im Gleichschritt wanken zu sehen, und deren Horizont auf den Rücken des Vormannes eingeschränkt ist. Am glücklichen Ende aber sieht die Sache schon anders aus, zur Versöhnung mit den Herrschern schreiten die Arbeiter, ebenfalls im Gleichschritt, in perfekter Dreiecksform, nun weniger geschunden denn gesittet. Reuevoll in die Arme der gesellschaftlichen Ordnung mit ihrer geometrischen Harmonie zurückgekehrt, strahlen sie nun Würde aus.

Dazwischen liegen einige gefährliche Versuche der Herausforderung dieser Ordnung. In diesen Momenten der Revolte verwandelt sich die genormte Masse in irrwitzig umherrasende Einzelwesen, die schon durch ihre schiere Unübersichtlichkeit und Unberechenbarkeit bedrohlich wirkten, und die zu beschreiben der verschreckte Bürger am ehesten Analogien zur Insektenwelt heranziehen würde. Was gleich eine Lösungsmöglichkeit nahelegt: das Zertrampeln. Hilflos und voller Ekel wünscht man insgeheim, den wild durch die Gitter des Fahrstuhls greifenden Tieren möge dieser die zappelnden Arme abrasieren. Den Umschlag ins wahnhaft Tierische der Rebellierenden zeigen auch die Einzelwesen, vorher demütig leidende und betende Menschengesichter verzerren sich zu starren hasserfüllten Fratzen, wild gestikulierend unterstreichen sie den Eindruck des krabbeligen Ungeziefers, eines zur Unmenschlichkeit entarteten Menschenschlages, dessen wimmelndem Umsturzeifer nichts Menschengebautes standhält. So sieht also Revolution aus, schüttelt sich der Bürger. Die musikalischen Anklänge an die Marseillaise, die in Anlehnung an die Originalmusik von Gottfried Huppertz diese Szenen untermalen, sagen ihm den Rest. Nur nicht, dass dieses Lied ihn erst hervorgebracht hat.

Nach all dieser Aufregung ist man doch froh, wieder friedlich im Dreieck zu sein. Unrecht und Mühsal hin und her, aber das haben wir nicht gewollt. Die Aufgabe der eigenen Individualität und die devote Einpassung in die Ordnung derer, die es besser können, erscheinen letzten Endes doch als Weg zum Glück. There's no place like home.

Am Rande: Die rechtzeitig zu sich gekommene Menge, die mit gleichem Eifer die falsche Maria auf dem

Scheiterhaufen verbrennt, diesmal mit dem Segen der Handlung und dem Recht auf ihrer Seite, konnte zu keiner Zeit wissen, dass die böse Prophetin kein Mensch ist. Sie ist ein positiv besetzter Lynchmob, das Gegenstück zu jenem, den Lang später in *Fury* so verdammt. Wie schnell doch die Wertung des kopflosen Arbeiterpöbels zum Guten umschlagen kann.

Maria

Das Motiv der guten und der bösen Maria reiht sich ein in die Weimarer Tradition der seelenlosen Kunstmenschen, der Doppelgänger und Alraunen, deren schiere Existenz, wie Georg Seeßlen meisterlich darstellte, als physische Bedrohung der "'mythologischen Identität' des bürgerlichen Individuums" wahrgenommen wurde.[17] Die oberflächliche Gleichheit zweier grundverschiedener Dinge, wie hier der beiden Marias, ist darüber hinaus wunderbar geeignet, auch dem schlichten Zuschauer den ideologischen Begriff der Entartung greifbar zu machen. Die bis in die Fingerspitzen positive Darstellung Marias[18] erhält in der Entwicklung des Roboters nicht ihr notwendiges metaphysisches Gegenstück, die Verkörperung des Bösen an sich, das man zwar bekämpfen kann und muss, dessen völlige Vernichtung aber der Auflösung der eigenen Existenz gleichkäme, welche erst in der ewigen Auseinandersetzung mit dem Feind zu ihrer Größe findet. Das Prinzip des Guten, das dem Bösen vollkommen inkommensurabel sein muss, um nicht Gefahr zu laufen, durch etwaige punktuelle

---

[17] Georg Seeßlen, *Kino des Utopischen*, rowohlt, S. 93. Vgl. auch SS.90-97

[18] Wobei freilich der Name der Mutter Gottes die Krone ist, zumal sie den Messias zwar nicht gebiert, aber doch hervorbringt indem sie ihn über seine Rolle aufklärt. Die darauf folgenden ödipalen Verflechtungen sollen hier jedoch nicht interessieren...

Ähnlichkeit mit ihm nicht das Eigene denunzieren zu müssen, zeigt sich auf jeder Ebene, in jeder Darstellungsform vom Bösen wesenhaft verschieden.

Das Entartete jedoch ist nicht das Böse, sondern die Ähnlichkeit zu ihm im Eigenen. Das Entartete ist immer eigen Fleisch und Blut, sei's im Geiste, sei's im Physischen, sei's in jeder möglichen Hinsicht, und daher, da es gleichsam auch besser könnte, ist es vollkommen überflüssig wenn nicht schädlich. Die strahlende Existenz des Guten legt seinen Gliedern den Maßstab vor, und alles was ihm nicht gereicht, sich etwa abwendet oder gar negiert, sprich aus der Art schlägt, ist nicht primär Gegner denn Parasit, Schmarotzer am eigenen Körper. Als rein Zerstörerisches hat es keinen eigenen Wert. Dem Entarteten fehlt die Weihe des ganz Anderen, der absoluten Negation, woran das Positive sich emporschwingt und an der eigenen Größe sich berauscht, vielmehr ist es bösartige Wucherung, Hemmnis im eigentlichen Kampf und innere Bedrohung, ewig zum Dolchstoß bereit. Wo immer es vorkommt, existiert auch gleichzeitig seine bessere, gesunde Version, es gehört daher vernichtet und ausgerottet, restlos entfernt aus dem Wirtsorganismus.

Die falsche Maria ist Modell dieser Entartung, auf mehreren Ebenen stellt sie dessen erwünschte Verabscheuungswürdigkeiten heraus. Ein Ebenbild der wahren Maria, vereint sie jedes Gegenstück ihrer guten Eigenschaften zu einem konsistenten Feindbild, das der Bürger gern als hassenswert anerkennt. Eine agitatorische, undisziplinierte, keifende, die Massen aufwiegelnde, zu roher Gewalt aufrufende Revoluzzerin stellt eine Gefahr für das Gemeinwesen dar und muss weg. Noch dazu windet sie sich in expressionistisch grotesker Körperhaltung, verfremdet ihr an anderer Stelle sanftes Gesicht zu irren Fratzen und betört die vergnügungssüchtige Oberschicht mit offensiv obszöner Weiblichkeit. Der Kontrast zur guten friedlichen und keuschen Maria, die noch dazu in romantischem Realismus ihre Mission aufführt und der diese Kreatur doch aufs Haar gleicht, macht den Zuschauer zusätzlich rasend. Die visuelle Idylle der lieben Frau darf von keiner bösartigen Kraft entweiht werden. Als späte Genugtuung wurden bald darauf neben den Inhalten auch der expressionistische und ähnliche Ausdrucksstile offiziell verboten.

Das Schamgefühl, mit den bald wieder liebgewonnenen Arbeitern mitzufiebern, obwohl sie auf dem Scheiterhaufen trotz allem ein (vermeintliches) Lebewesen töten, stellt sich nicht ein. Die falsche Maria erscheint einzig als gefährliche Verzerrung ihres engelgleichen Zwillings, ihre fehlende äußerliche Originalität tilgt in der öffentlichen Wahrnehmung jeden Restanspruch auf physisches Dasein. Das Feuer als Mordwaffe tritt ganz zurück hinter seine mythische Bedeutung als reinigende Kraft.

Die Arbeiter hingegen, die ebenfalls rasend und expressionistisch geifernd die Ordnung bedrohten, kommen noch mal davon, die begeisterte Verbrennung des falschen Messias ist ihre Rehabilitation. Entgegen ihrer temporären Verwirrtheit ist die Entartung nämlich eine fast ontologische Kategorie und somit unwiderruflich. Die Verirrung kann geheilt werden, dem Entarteten bleibt einzig die Vernichtung.

Freder

Freder ist groß und blond und gesittet und gutherzig und außerdem der Held, auf den alle gewartet haben. Beste Voraussetzungen für eine Führungskraft. Ob er malen kann ist nicht bekannt.

Grot

Der Werkmeister ist das Vorbild des linientreuen, obrigkeitshörigen Arbeiters, in der Rebellion behält er als einziger einen "klaren" Kopf, verteidigt die für Metropolis lebensnotwendige Herzmaschine mit Klauen und Zähnen und klärt die Aufrührer noch rechtzeitig auf über ihr zerstörerisches Tun. Sein kindischer Freudentanz bei Verbrennung der bösen Maria bezeugt weniger, dass er verrückt geworden ist, als die unhinterfragbare Rechtmäßigkeit dieser Art der Problembeseitigung.

Im übrigen ist die vielbesungene Versöhnung zwischen Kapital und Arbeiterschaft ein Schwindel sondergleichen, da, abgesehen von der Tatsache, dass an der realen Situation der Arbeiter sich nichts ändern wird, der "Arbeiterführer" Grot während der Revolte zu keiner Zeit auf Seiten der Arbeiter gestanden, geschweige denn vor Fredersen für sie eingetreten ist. Lieber denunzierte er die geheimen Zusammenkünfte seiner Kollegen. Der mit viel Überwindung erkaufte Handschlag wäre also keiner zwischen antagonistischen Klassen, vielmehr beglückwünscht der Herrscher seinen Vertrauten im feindlichen Lager zu dem Geschick, die revoltierende Masse unter dessen Führung zur Ordnung vereint zu haben, offenbar in dem Glauben, er sei ein ernsthafter Vertreter ihrer Interessen.

Fredersen

Der offensichtliche Einzelherrscher von Metropolis ist eine durchaus zwiespältige Figur. Einerseits ist er natürlich ein (positiv besetzter) patriarchalischer Produktionskapitalist, der seine starke Hand schützend über sein Volk hält, das er ernährt und mit wertvollen Gütern ausrüstet. Zum anderen aber, besonders in seinen verschwörerischen Händeln mit Rotwang, wirkt er als Statthalter und Sinnbild eines internationalen jüdischen Finanzkapitals, das nach der Volksmeinung einzig um Kapitalakkumulation bemüht ist und skrupellos das Leben der verelendeten Arbeiter riskiert, um seine Macht zu halten. Seine Ranküne macht nicht mal vor den Nächsten halt, ihm geht es nicht um die verantwortungsbewusste Aufrechterhaltung der Volksgemeinschaft sondern allein um sein Finanzimperium. Währenddessen die übrige Oberschicht quasi seinsvergessen dem seichten Spiel und allen Lastern frönt und einer überfeinerten und dekadenten Zivilisation den letzten Rest Wertebewusstsein austreibt. Das schüttelt den Kleinbürger mit dem Herz am rechten Fleck.

Rotwang

Die durchsichtigste Schlüsselfigur des Films ist der durchgedrehte Wissenschaftler. Rotwang, das klingt wie Goldstein oder Birnbaum und ist mit Sicherheit auch so gemeint. Bis auf die äußere Erscheinung vereint er in sich einen Großteil der schlechten Eigenschaften, die Juden je angehängt wurden. Außerdem tut Rudolf Klein-Rogge sein Bestes, den urdeutschen Eindruck seiner Gestalt mit durchaus expressionistischem Körper- und Mienenspiel zu entarteter Verschlagenheit umzudeuten. Er schafft es im nachhinein, Dr. Mabuse mit seiner internationalen Verbrecherorganisation aufs Judentum abzuschieben.

Rotwang ist als Wissenschaftler von vornherein ein dubioser Außenseiter in Metropolis; wie Seeßlen beobachtete, "begleitete im deutschen Film den dämonischen Wissenschaftler der Ruch usurpatorischer politischer Macht".[19] Sein Wissen umfasst mehrere historische Gedankengebäude, von der Magie bis zur modernen Wissenschaft, und es verleiht ihm eine große Macht, die nur scheinbar im Dienst der Herrschaft steht. Ganz deren Komplize, hat er zusätzlich eine geistige wie räumliche Verbindung zu den ihr verborgenen unterirdischen Machenschaften. Rotwang weiß bescheid über die geheimsten Vorgänge der Gesellschaft und gibt gerade so viel davon preis, dass es ihm zum Vorteil gereicht. Das bürgerliche Erschauern vor ihm gleicht dem vor einer

---

[19] Seeßlen, a.a.O., S.107

befürchteten Kombination von undurchschaubarer Kabbala mit Großkapital.

Rotwang steht zwischen den Klassen, doch ist er alles andere als ein "Mittler". Indem er mit jeder Seite seine eigenen Deals macht, spielt er beide gegeneinander aus, die Zuwendung der einen Partei erkauft er sich mit dem Verrat an der jeweils anderen. Er ist das auf gesellschaftliche Relevanz hochgedeutete Schreckgespenst des jüdischen Händlers, der sich in der gesellschaftlichen Produktion die Hände nicht schmutzig machen will und daher nur den gegenseitigen Austausch der von den wirklich Arbeitenden produzierten Güter besorgt, wobei er natürlich beide Seiten übers Ohr haut. Ein solcher Schmarotzer, der außerdem seine zahlreichen faulen Stunden damit verbringt, sich eine höhere Bildung anzueignen, mit der er sich übers schuftende Volk erheben kann, wenn er sie nicht sowieso dazu nutzt, seine geheime Macht auszubauen und abzusichern, erntet von Anfang an Misstrauen. Rotwang ist dem Augenschein nach in Metropolis der einzige mit einem eigenen Bücherschrank und steht allein daher für eine das Volkstum gefährdende Intelligenz. Der jüdische Intellektualismus hat überall seine Agenten.

Auch ist sein magisches Tun nicht geheuer. Zwar stellt es als antagonistisches Prinzip zur modernen Wissenschaft eine Verbindung her zum mystisch-humanistischen Glauben der Arbeiter, seine Ikonographie aber, überhaupt Rotwangs ganzes Umfeld, weckt dunkle Ahnungen von Schwarzer Magie und kabbalistischen Umtrieben. Das Pentagramm etwa, das einmal auf seiner Eingangstür prangt, dann an der Wand des Labors, ähnelt doch stark dem sechszackigen Davidstern, besonders da es sich nicht entscheiden kann, ob es auf zwei Spitzen oder auf einer stehen will, was die genaue Anzahl der Zacken verwischt. Sein Hexenhaus ist ebenfalls nicht gerade vertrauenerweckend, so verwinkelt und windschief ist es ein Überbleibsel der klumpig-expressionistischen Schtetl-Architektur des früheren deutschen Stummfilms, und die üblen Machenschaften des Rabbi Löw sind ja bekannt. Wie ein

Krebsgeschwür kauert es inmitten der hochaufragenden, ja hochaufschießenden[20] Wolkenkratzer der Neuen Zeit, grad wie der kriecherische Jude im aufrechten deutschen Volk.

Mit Fredersen hingegen, dem Vertreter von Herrschaft und Industrie, verbindet Rotwang die Liebe zu Hel, der Mutter Freders, über deren Tod beide noch nicht hinweg sind. Im Kontrast zur strahlend lebendigen Liebe des Sohnes zu Maria jedoch wirkt die Verehrung einer Frau, die den Namen der Herrin des nordischen Totenreiches trägt, ähnlich absurd und defätistisch wie die Todesverfallenheit unserer jüdisch unterwanderten Zivilisation mit ihrer Vorliebe für Morbidität, Dekadenz und Verfallskunst überhaupt. Wo wir doch so viel Schönes haben.

Als Krönung bekommt der berüchtigte jüdische Bolschewismus seinen Auftritt, ist es doch Rotwang, der auf Weisung Fredersens den umstürzlerischen Roboter entwickelt und auf das unbedarfte Volk loslässt. Der Kommunismus eine Kreatur des Weltjudentums in Verschwörung mit der Großfinanz, in die Welt geschickt, um Unruhe und Zerstörung zu stiften. Das konnte vielen so passen. Die spätere Vernichtung speiste sich aus der Aussicht, mehrere Fliegen mit einer Klappe zu schlagen.

---

[20] Dies ist mehr als ein hübsches Paradox. Der Futurismus, trotz seiner Glorifizierung der Geschwindigkeit und Mobilität, war durch und durch ein Phänomen der Statik. Der dynamisierten Statik der klassischen Dialektik entgegnete er mit stillstehender Dynamik. Das mechanisch-monotone Stampfen der Maschinen bildete ein monolithisches Muster in der Zeit, jede Beschleunigung zielte auf ihr Absolutes, die Einmündung in ein Ornament der erstarrten Bewegung. Der Futurismus setzte alle Hebel in Bewegung, um der Bewegung selbst zu entfliehen, der ewig unsicheren Wandelbarkeit; er hoffte die Zeitlichkeit zu überwinden indem er sie überrundet. Am Horizont versprach sich ein Paradies, worin nur die Schnellsten überleben.

Mit diesen Überlegungen im Hinterkopf kann man den Film nun viel unbeschwerter und auch gezielter genießen. Mit einer genauen Karte der Klippen, Untiefen und Strudel würde selbst eine Fahrt zwischen Skylla und Charybdis hindurch zu einem erbaulichen mediterranen Erlebnis.

"Aber ich interessierte mich für Maschinen..." (1999)

– über die deutsche Anverwandlung des italienischen Futurismus in *Metropolis*.

"Der Kult des Neuen bedeutet in Wahrheit die Verherrlichung einer Aktualität. In der Aufwertung des Transitorischen, des Flüchtigen, des Ephemeren, in der Feier des Dynamismus spricht sich eben die Sehnsucht nach einer unbefleckten, innehaltenden Gegenwart aus."
Jürgen Habermas

Der Futurismus, obwohl so technikbegeistert, hatte seltsamerweise keinen großen Einfluss auf den Film, unter den Kunstarten immerhin die am meisten moderne und technische verfügbare. Wenige offiziell futuristische Filme wurden hergestellt, vornehmlich in Italien, und von denen ist ein Großteil verschollen. Bei dem immensen Eindruck (oder besser Einschlagstrichter), den der Futurismus in der europäischen Kunstlandschaft der 10er und 20er Jahre hinterließ, kann das doch nicht alles gewesen sein. Das Interesse dieser Arbeit ist daher, in der formalen wie inhaltlichen Faktur eines bisher nicht als futuristisch verbuchten Films, nämlich *Metropolis* aus den Jahren 1925-27, einige der Elemente herauszuarbeiten, die den Film eindeutig als Wegmarke in der Nachwirkung des Futurismus ausweisen, von gerade welchem es heißt, er sei für die historische Avantgarde zwar eine Art Initialzündung und richtungweisend gewesen, habe jedoch über seinen engeren Wirkkreis hinaus keine wirkliche Schule oder Tradition ausbilden können, und nur wo Futurismus draufsteht, sei Futurismus drin. Im Rahmen der Untersuchung wäre dann von Interesse, inwiefern gerade der "moderne" Gehalt des Films, der dem heimelig-reaktionären gern entgegengehalten wird, über den Futurismus selber Elemente einer ästhetischen Ordnung beigibt, die dem italienischen wie dem deutschen Faschismus zumindest zupass kamen.

Trotzdem muss man natürlich vorschicken, dass es *den* Futurismus genausowenig gab wie *den* Faschismus, dass die Gruppe, die sich ab 1908 um Marinetti sammelte (unter ihnen die Schriftsteller Libero Altomare, Paolo Buzzi und Aldo Palazzeschi, die Maler Umberto Boccioni, Carlo Carrà, Luigi Russolo, Gino Severini, Fortunato Depero und Giacomo Balla sowie die Architekten Antonio Sant'Elia und Virgilio Marchi) und sich lauthals Aufmerksamkeit heischend "Futuristen" nannte, in der europäischen Avantgarde beileibe nicht die einzige Künstlerverbrüderung blieb, die sich für diesen Terminus und seine Forderungen begeistern konnte und sie für ihre Arbeit in Anspruch nahm.

Ganz abgesehen davon, dass die Veröffentlichung von Marinettis *1. futuristischen Manifest* im *Figaro* vom 20. 2. 1909 von einigen Historikern als der Startschuss überhaupt für die gesamteuropäische (moderne) Avantgarde erachtet wird – auch wenn einige der fortan gesprossenen Ismen den einzelnen Forderungen der Futuristen diametral entgegenstanden –, fanden sich ebenso in ganz Europa Künstler und Richtungen, die sich ihnen zumindest anfangs verbunden fühlten. Von der französischen Avantgarde über den Vortizismus in England, den Expressionismus in Deutschland bis zum autochthonen Futurismus in Russland, in ganz Europa hatte man den Paukenschlag aus Mailand vernommen, mit dem die Futuristen sich in die Weltgeschichte einführten, und übernahm ihre Forderungen, Formen oder auch Flamboyanz.

Dass diese verschiedenen "Futurismen" – die unter diesem Label oftmals nur eine diffuse Fortschrittlichkeit verstanden – sich vom italienischen Original mehr oder weniger ausdrücklich unterscheiden würden, war insofern unausweichlich, als jede Nation die Neigung hatte, den neuen Kunstkatechismus aus Italien mit ihren ländertypischen Merkmalen zu verschmelzen; zumal der italienische Futurismus selber tief in der spezifisch italienischen Politik und Psyche wurzelte und aus Irredentismus, bürgerlicher Altertumsseligkeit, unbefriedigendem Kolonialgehabe und Schwerfälligkeit des liberalen Parlamentarismus die künstlerische Resultante bildete, worin die Melange aus Frustration und fiebernder Erwartung sich entladen konnte.

Abwechslungsreich gestaltete sich der deutsche Reflex auf den Futurismus. Gerade Expressionisten wie Alfred Döblin, Gottfried Benn, Hugo Ball, Arno Holz, Herwarth Walden, Theodor Däubler, Carl Einstein und andere nahmen den Futurismus begeistert auf und sahen in ihm einen Bundesgenossen im Kampf gegen die alte bürgerliche Gesellschaft und für einen neuen Menschen und eine neue Kunst; wie es heißt erlebten Döblin und Ball ihre erste Begegnung mit futuristischer Malerei (1912 in einer von Walden eingerichteten Ausstellung) als "Epiphanie". Außer der beinah allgemeinen und erschauernd erfahrenen Überzeugung, an einer Epochenschwelle zu stehen, gab es in der Tat bei Futuristen und Expressionisten Überschneidungen in ästhetischer Haltung und künstlerischer Praxis, wie z.B. die Schockwahrnehmung, die Montageverfremdung, die Simultaneität, der Antihistorizismus, das Lob des Hässlichen, die Sprachzerlegung und andere sprachliche Formexperimente.

Die Liebe währte jedoch nur kurz, gab es doch laut Schmidt-Bergmann vor 1912 keinen nennenswerten futuristischen Einfluss auf die expressionistische Literatur oder Malerei, und der, den es gab, hielt nicht viel länger als bis 1915, dem Ende der sogenannten 1. Phase des italienischen Futurismus, als einerseits er selber in verschiedene Fraktionen zerfiel[21] und andererseits ihm ein Teil seiner Forderungen im

---

[21] Weswegen es spätestens für die Zeit nach 1915 problematisch ist, von einem einheitlichen italienischen Futurismus zu sprechen. Es bleibt die Frage nach der Berechtigung, in dieser Arbeit mit "Futurismus" die enge Fraktion um Marinetti zu meinen, und noch dazu die einzige, auf die das Etikett vom eigentlichen Wortsinn her nicht passt (s.u.). Nun hat erstens Marinetti den Begriff zwar nicht selbst erfunden, doch dermaßen lautstark und publikumswirksam für

begeistert begrüßten Weltkrieg erfüllt wurde. Fast alle Expressionisten wandten sich eher früher als später vom Futurismus ab, und letztendlich blieb dieser Expressionismus eine rein deutsche Angelegenheit, die mit dem Futurismus zwar gewisse modernistische Merkmale und ästhetische Strategien gemein hatte, ihn aber nur in Verschmelzung mit deutschen Denk- und Formtraditionen akzeptieren wollte. So mochte man z.b. dem Futurismus seine totale Vergangenheitszertrümmerung und das Austreiben jeglicher Aura aus der Kunst nicht durchgehen lassen; gerade nach den Erfahrungen des Weltkrieges, die für die Deutschen offenbar ungleich erschütternder gewesen sein müssen als für den selbst hinterher noch kriegsbegeisterten Marinetti, verstanden die Expressionisten Kunst als spirituellen Gegenentwurf zur als komplett irrsinnig aufgetretenen technischen Zivilisation, anstatt sie als deren ästhetische Adelung in deren Ma(s)chinationen aufgehen zu lassen.

Ebenso wie andere Avantgarderichtungen der Zeit wie Kubismus, Pittura metafisica, Dadaismus oder später Surrealismus teilten die Expressionisten mit den Futuristen nicht viel mehr als die Erfahrung eines gesellschaftlichen Modernisierungsprozesses und der einhergehenden Umwälzung der kollektiven Wahrnehmungsformen, und ebenso wie

---

sich und seine Gruppe in Anspruch genommen, dass allein schon dieser Werbefeldzug und damit die Produktbezeichnung zum ästhetisch-gesellschaftlichen Wesen des frühen Futurismus gehören. Zweitens ist die ursprüngliche kleine Gruppe um Marinetti die einzige, die ihren originalen Inhalten treu geblieben ist; alle anderen "Mitglieder" oder Sympathisanten haben, wenn sie den Futurismus nicht sowieso nur als Beiwerk in ihrer eigenen künstlerischen Substanz assimilierten, die Seiten gewechselt oder auch Elemente anderer Avantgarden in sich aufgenommen. Die Beibehaltung des Namens für die Kerngruppe um Marinetti hat m. E. ihre Berechtigung darin, dass alle anderen auch anderswoher sich bezeichnen ließen, und eben einzig der originale Futurismus nichts wäre, wenn nicht "Futurismus".

jene betrieben sie ihre ureigene Vermittlung der futuristischen Emphase mit einem Unbehagen an der Moderne. Alles, was fürderhin in Deutschland von der futuristischen Kunst- programmatik übrigblieb, waren die genannten, eher allgemein avantgardistischen ästhetischen Vorgehensweisen der Realitätsverzerrung bei einer forcierten Hereinnahme "industrieller" Themen und Motive, vermischt mit einer aktua- lisierten Romantik und einer nietzeanischen Kritik der Décadence. Als Resultante bildete sich die seinerzeit typisch deutsche Melange aus der Hymne auf einen technischen Prometheismus und der Reaktivierung des Mythos heraus – so sprach Kracauer später von einem "damals herrschenden Maschinenkult."

Die beiden Stichwörter weisen schon eindeutig auf *Metropolis* hinaus, findet man in ihm doch ein Gerangel von futuristischen und expressionistischen mit Elementen einer Neuen Gemütlichkeit, das fast schon paradigmatisch die kollektive deutsche Reaktion auf Modernismus und Avantgarde illustriert. Primär sollen uns hier nun jene futuristischen Gestaltungen interessieren, um auszuloten, inwieweit sie, in Abgrenzung von den geradeaus reaktionären, zum faschistischen Charakter des Films beigetragen haben.[22]

---

[22] Spätestens an dieser Stelle muss natürlich der Einwand kommen, dass es sehr schwierig ist, einem ästhetischen Erzeugnis wie dem Film oder auch dem Futurismus selber vorzuwerfen, er sei eindeutig faschistisch. Auch wenn der harte Kern um Marinetti sich früh zu den italienischen Faschisten gesellte, so blieb ihr Verhältnis in Fragen der Kunst nicht ungetrübt; und auch wenn man weiß, dass Thea von Harbou noch vor der Machtübernahme, also ohne Not, Mitglied der NSDAP wurde, auch wenn Gregor/Patalas schreiben, dass *Die Nibelungen* und *Metropolis* zusammen einen Katalog aller wesentlichen Bestandteile der NS-Ideologie enthielten, so zeigen diese Filme doch Merkmale, die sie vielleicht als einem konservativen bis reaktionären Zeitgeist zugehörig ausweisen, jedoch nicht ausdrücklich dem nationalsozialistischen. Dass allerdings eine diffuse Häufung von völkischen, irrationalen,

Zuallererst springt dem Zuschauer natürlich jene futuristische Ouvertüre ins Gesicht, die mit Überblendungen von wirbelnden Spulen, stampfenden Kolben und mahlenden Zahnrädern die Sinne einstimmt – eine kurze und prägnante Vorführung der Maschinenkraft, der Dynamik, der Geschwindigkeit und der Simultaneität – eben jener zentralen Begriffe der Futuristen, die sie als in der modernen Zivilisation als vorherrschend empfanden und also in der Kunst zum Formprinzip erhoben hatten. Und bereits dieses scheinbar harmlose Formenspiel bekräftigt eins der Prinzipien des Futurismus, dass nämlich die Maschinenwelt jeder früheren Stufe der Organisation des Lebens überlegen ist und daher diese, um nicht unterzugehen, sich jener angleichen muss und nicht etwa umgekehrt, wie der traditionale Humanismus es will: Dem Zuschauer wird die unerbittliche Kraft und Schnelligkeit der Maschinen am Anfang noch mal in reiner Form nahegebracht, er erfährt überwältigt die eigene Ohnmacht gegenüber der auftrumpfenden Technik, seine Sinne verwirren sich angesichts der pulsierenden Energie, wie ihm die Durchblendung verschiedener Maschinenbewegungen suggeriert. Die mechanisch-rhythmische Wiederholung immergleicher kraftvoller Bewegungen durchschüttelt selbst den passiven Rezipienten und präsentiert ihm eine Festigkeit, Dynamik und innere Kontinuität, die er als unvollkommenes bzw. "passatistisches" – wie die Futuristen pauschal für alles Abzulehnende sagten – Menschenwesen als ihm überlegen anerkennen muss.

Darin sahen die Futuristen natürlich nichts als einen Ansporn oder eine Verheißung, ihnen galt eine jede Beschleunigung und Mechanisierung des Lebens und auch des Körpers, um mit den Maschinen gleichzuziehen, als Befreiung

---

antisozialistischen, antibürgerlichen, antimodernen, vulgärromantischen etc. Überzeugungen in den deutschen Faschismus Eingang fand, ist wohl unbestritten. Auch wenn es zuviel der Etikettierung sein mag, *Metropolis* nationalsozialistisch zu nennen, so war er doch mit Sicherheit nationalsozialisierend.

von allem Alten und Trägen, das den Menschen in seinen Möglichkeiten behinderte, als Intensivierung der individuellen physischen und psychischen Selbsterfahrung. Man sollte meinen, dass dazu diese Weltmaschine einigermaßen humanistisch ausgerichtet sein müsste, wovon aber speziell die Futuristen mit ihrem mitunter brachialen Antihumanismus, Antisozialismus, Antipazifismus, Antirationalismus usw. nichts hören wollten; ihr Credo ließ gerade verlauten, dass die mechanisierte Gesellschaft niemand anderem als den inneren Antriebsgesetzen ihrer Motoren gehorchen sollte. Von der Faszination für die eigenen neuen Lebenskräfte bis zur blinden Selbstübergabe an das allmächtige Gegenüber, das einem diese Kräfte verleiht, ist es dann jedoch nur noch ein Schritt. Die Maschine marschiert und schleift den Menschen als Anhängsel mit.

Im weiteren Verlauf des Films sind es natürlich die Stadtansichten, die einen direkten futuristischen Einfluss vermuten lassen, und liest man Texte bzw. beschaut man Entwürfe Marchis oder speziell Sant'Elias für seine *Città nuova* aus der Zeit um 1914, dann ist es schwer zu glauben, dass für *Metropolis* nicht auf sie zurückgegriffen wurde: Sant'Elia wollte die "futuristische Stadt wie einen riesigen, lärmenden Bauplatz" erbauen, "beweglich und dynamisch in allen ihren Teilen", und "das futuristische Haus wie eine gigantische Maschine" aus "Zement, Glas und Eisen, ohne Malerei und ohne Skulpturen, das nur die angeborene Schönheit seiner Linien und Formen ziert", und zwar "am Rande eines lärmenden Abgrunds": der Straße, "die mehrere Geschosse tief in die Erde hinabreicht" – Natürlich war Sant'Elia zwar einer der frühesten, keineswegs aber der einzige Designer utopischer Stadtentwürfe, die riesige nackte Hochhäuser, auf mehreren Ebenen verbunden durch Straßen-brücken, und mehrstöckige Tiefbausysteme imaginieren ließen. Vielmehr gehörten sie zur damaligen utopischen Ikonographie hinzu, und möglicherweise ist diese Formenwelt auf ähnlich kolportagehaft-eklektizistischem Wege in den

Film geraten wie das meiste andere auch, nämlich durch die "glückliche Mischung von Aufnahmefähigkeit und Konfusion" (Kracauer) einer Thea v. Harbou, die alles wahllos heruntergeschrieben habe, was in der kollektiven Phantasie herumspukte.

Bei näherer Betrachtung fällt allerdings auf, dass Sant'Elias Entwürfe bereits moderner waren als viele andere, welche zwar die schiere Größe und urbane Vielschichtigkeit ebenso getroffen hatten, aber etwa in der Gestaltung der einzelnen Häuser noch historisierende Anklänge hatten. So wären die Entwürfe der futuristischen Architekten zumindest ein direkter Ahnherr jenes Formenkanons, der in Metropolis mit Eindrücken des realen New York verschmolz. – Andererseits sollte es verwundern, wenn dem ehemaligen Architekturstudenten Lang oder gar Otto Hunte, Erich Kettelhut und Karl Vollbrecht jene Skizzen zu einer futuristischen Architektur entgangen sein sollten, zumal einige Entwürfe Huntes für Metropolis nicht nur konstruktionale, sondern auch rein graphische Anklänge an die futuristische bildende Kunst aufweisen. Nicht nur die wuchtigen Bauten und mehrgeschossigen Straßenebenen, auch die Beleuchtung durch einzelne Scheinwerfer und Strahlenkranz sowie die leichte fischäugige Wölbung der Bildebene erinnern stark an futuristische Vorbilder. Im Entwurf sowie später im Film durchschneiden Lichtstrahlen und lange überirdische Straßen das Stadtbild sowie einzelne Häuserfronten wie jene – manifesten oder imaginären – Linien der futuristischen Malerei, die das Bildgefüge durchziehen und dessen Inhalt nicht etwa, wie im Kubismus, in seine Einzelteile aufspalten, sie aus ihrem verschleiernden Verbund herauslösen und gegeneinanderstellen, sondern die im Gegenteil den Bildinhalt geometrisch korrekt durchstrahlen, bzw. häufig ihn auf ein voluntaristisch festgelegtes Bildzentrum hin anordnen, das mit der klassischen Perspektive wenig gemein hat.

In diesen schnurgeraden Schrägen klingen vielmehr die "Kraftlinien" Boccionis an, der nämlich statt eines "fixierten Augenblicks des universellen Dynamismus" fortan die "als solche festgehaltene dynamische Empfindung" bildlich ausdrücken wollte. Und diese Empfindung des Gegenstandes offenbare sich in der Bewegung seiner Kräfte, in der Auflösung der Beweglichkeit seiner physischen Integrität in eben seine Kraftlinien, über die er sich der umgebenden Realität verbinde. Durch diese Simultaneität, die Wiedergabe von nacheinander sich vollziehenden Bewegungsabläufen in gleichzeitig sich vernetzenden Kraftlinien, erreiche er eine Vereinigung des Raumes mit der Zeit und damit die erwünschte Visualisierung des Dynamismus als solchem.

Diese Konzeption verbindet bereits den aufklärerischen Ansatz der Avantgarde, anstatt den Illusionen der Gegenstände über sich selbst auf den Leim zu gehen, die Aufmerksamkeit über ihre trügerisch intakte Oberfläche hinauszuführen und jene gesellschaftlichen Kräfte und Gesetze, denen sie unterworfen sind, in ihre Gestaltung einzubeziehen, mit Spuren der totalitären Strategie, das Individuum seiner Eigenständigkeit zu berauben, seine Ränder aufzuweichen und es zu einer einfachen Funktion innerhalb des organischen Kontinuums einer Gruppe, eines Staates oder eines Gesellschaftskörpers zu degradieren, worin es seine Lebensenergie anderswoher als aus sich selbst bezieht.

Doch nicht nur Boccionis Malprogramm, auch die gesamte futuristische Bewegung hat den Hang zu einem gleichsam impersonalen Führerprinzip: Im Gegensatz zu den meisten anderen Avantgarden geht es ihr nicht primär darum, eine nur scheinbar kontinuierliche Realität aufzubrechen und gegen sich zu wenden, sondern vor allem in einem weiteren Schritt deren fragmentierte Einzelteile, die der modernisierende Weltenlauf ganz von selbst produziere, aufzusammeln, durch einen gerichteten Energiestoß zu vitalisieren und in einer zentrierenden Ordnung neu auszurichten. Im Lebensprogramm ist es der Wille zur Geschwindigkeit, der alles was fit genug ist mit sich reißt, stromlinienförmig um sich bzw. hinter sich einreiht und alles Langsame, der universalen Schnelligkeit Widerstehende, von sich stößt; und entsprechend fordert Boccioni von der Malerei, dass sie aus dem Chaos und dem Zusammenstoß der widerstreitenden Rhythmen zu einer "neuen Harmonie" zusammenführen soll. Und von daher besaß der Futurismus eine beeindruckende Kongruenz von Theorie und Ausführung: So mag die Malerei zwar gekennzeichnet sein von avantgardetypischer Zerstükkelung, doch hat sie innerhalb der Komposition meist ein Energiezentrum, um das herum und auf das hin die fragmentarischen Bildelemente, ganz wie Eisenspäne um einen Magneten, sich in mehr oder weniger geometrischen Feldlinien – von strahlen- bis strudelförmig – anordnen. Dabei kann es geschehen, eben wie in Huntes Zeichnung angedeutet, dass die Bildebene selber sich um dieses Kraftzentrum herumwölbt; auch wird dessen Sendungsvermögen gern untermalt durch jene Linien, die den Bildaufbau strahlenförmig durchschießen und damit gleichsam den inneren Sog der Komposition sinnfällig machen.[23]

In der Bildhauerei weiterhin ist es u.a. Boccionis berühmte Skulptur eines gehenden Körpers, in deren Dynamik der Konstruktion nahegelegt ist, dass hier nicht etwa ein schreitender Mensch in seine Bestandteile aufgelöst wird, sondern dass vielmehr eine formlose, zielgerichtete marschierende Energie in jene Einzelteile gefahren ist, die sie zur Neuformung eines integren Körpers mit sich reißt. Ebenso mit Marinettis Technik der "parole in libertà", der "Worte in Freiheit", d.h. der freien Assoziation von Wörtern ohne Syntax

---

[23] Zum rigoristischen Charakter eines solchen Bildverständnisses gehören natürlich auch der (Marinettische) Kult um die aus der Geschwindigkeit geborene gerade Linie und der Ekel vor der gekrümmten. Auch wenn Sant'Elia aus Gründen der futuristischen Flüchtigkeit und Vergänglichkeit eine Vorliebe für leichte, elastische, schräge oder ellipsenförmige Linien kundtut, preist Boccioni die gerade Linie als "innere Einfachheit", deren "nackte und fundamentale Strenge das Symbol der stahlharten Linie moderner Maschinen" sei.

und Interpunktion: Die klassische Grammatik soll nicht primär deswegen zerstört werden, damit die Wörter dem "Gefängnis des lateinischen Satzbaus" entfliehen und eigenes Dasein ausbauen können, vielmehr soll ein tieferliegendes poetisches Subjekt die Möglichkeit bekommen, sich intuitiv ausdrücken, die Textur seiner Leidenschaft unmittelbar der Sprache einpressen zu können, ohne sich an lästige Sprachregeln und ähnliche Verfassungen halten zu müssen; schon gar nicht, wenn es bei diesem Ausdruckswillen, wie bei den Futuristen üblich, Nationalismus und Kriegsverherrlichung sind, die sich durch die Sprache Bahn brechen wollen. Zu guter Letzt geht es in der futuristischen "Geräuschkunst" u.a. Russolos nicht nur darum, die Töne bzw. Geräusche aus dem Kanon der alten Harmonielehre zu befreien, sondern sie will vor allem ermöglichen, auch die Tonkunst der Maschinenwelt anzugleichen und deren Lautwelt in sich aufzunehmen; im weiteren Verlauf sollen diese neuen, erweiterten Geräusch-Töne sich "um die stärkste Vibration herum" aufeinander abstimmen und harmonisch anordnen.

In jeder Disziplin geht es dem Futurismus mithin nur anfangs darum, die Elemente aus einem Traditionskorsett freizusprengen, im nächsten und eigentlichen Schritt ist es die willkürliche Schaffung eines neuen Machtzentrums, das, jenseits alter Konventionen der Organisation, wie ein virtueller Strudel die vereinzelten Teile in die eigene Ordnung seiner Gravitationsbahnen bringt, sie zu neuer Einheit formiert und losmarschieren lässt, sei's in eine neue Perspektive, sei's nach Dalmatien, Äthiopien oder auf Rom.[24]

Langsam wird deutlich, was *Metropolis* – außer der zentralen Schöpfung eines Maschinenmenschen, außer der Abscheu vor allem, was Schöngeist, Gelehrsamkeit oder

---

[24] So lautete 1932 eine Inschrift auf einer der faschistischen "Revolution" gedenkenden Turbine: "Die Gedanken und Taten Mussolinis sind wie eine Turbine, welche die italienische Bevölkerung verwandelt und Faschisten aus ihnen macht."

Dekadenz suggeriert – zu einem, neben anderem, genuin futuristischen Film macht: Nicht die Geschichte allein, nicht das Dekor oder die Atmosphäre, ganz Metropolis, das gesamte urbane Universum, das der Film entfaltet, hat einen futuristischen Aufbau. Wenn die Futuristen, wie Schmidt-Bergmann schreibt, die Metropolen als futuristische Gesamtkunstwerke feierten und Sant'Elia die futuristische Stadt als eine gigantische Maschinerie imaginierte, dann dürfte Metropolis deren Erfüllung sein. Hier wird der technisch-industrielle Komplex, und damit der Betrieb der ganzen Stadt, zusammengehalten von einer sogenannten Herzmaschine, deren Ausfall die komplette Zerstörung der Infrastruktur und damit des Gemeinwesens nach sich zöge. Metropolis ist ein einziger, auf die Sachzwänge seiner Antriebskraft angewiesener mechanischer Riesenorganismus, eine vitale Verzahnung von Mensch und Maschine, die individuelle Regungen nur dann erlauben kann, wenn sie im Gleichlauf mit der Weltmaschine geschehen, welche eben in ihrer Selbstorganisation alles für den Betrieb nötige Einzelne in produktiv-geometrische Formen treibt, die einzig als derart zugerichtete eine Funktion im Gesamtbetrieb erfüllen können. Auffällig ist die befremdliche Abwesenheit einer jeglichen Exekutive in Metropolis:[25] Der Mechanismus der Stadt selbst schafft Ordnung, und zwar indem er sie weniger aufrechterhält oder erzwingt denn überhaupt erst produziert. Die Herzmaschine mit ihrem umliegenden integralen Maschinenpark ist das Zentrum, das alles und jeden in seinem Umkreis in seine Perspektive zwingt, und gerade in seiner Benennung, als "Mittler zwischen Hirn und Hand", kristallisiert sich bereits die unselige Mischung aus Technizismus und Gartenlauben-

---

[25] Kein Beleg, aber doch eine interessante Analogie ist die Prophezeiung Marinettis, eine futuristische "Regierung werde aus Fachleuten ohne Parlament" bestehen, und die "stehenden Heere, die Gerichte, die Polizei und Gefängnisse" würden abgeschafft.

romantik, die bald darauf die Nazis sich zueigen machen sollten.

Hier spiegelt sich auch die darwinistische bzw. vernichtungstheoretische Kehrseite des juvenilen Geschwindigkeitswahns der Futuristen: Wer nicht Schritt hält, wer alt und langsam ist, der bleibt halt zurück und wird zertrampelt, bzw. er muss zertrampelt werden, damit er den Betrieb nicht stört und damit alle gefährdet; denn wenn, wie in der Metropolischen Revolte gezeigt, die Menschen plötzlich ihre Rechte einfordern, wenn sie individuell loswimmeln und ihre Gesichter zu expressionistisch entarteten Fratzen verzerren, dann geht alles zugrunde, dann geht die Herzmaschine kaputt und die Mauern stürzen ein. Rettung bei Gefahr jeglicher Art, so die Inszenierung, verschafft nur das Leben im Einklang mit geometrischen Linien, das Ornament der Masse: Reumütig wanken die wieder besonnenen Arbeiter im Dreieck zur Versöhnung, und die vor der Überschwemmung fliehenden Kinder recken ihre Arme in Kegelform zu ihrer Retterin Maria empor, wie in einem futuristischen Gemälde. Oder auch wie bald darauf das Volk zum Führer.

In dieser Flucht ins Ornament wird deutlich, was Habermas in dem einleitenden Zitat meinte: Der Futurismus, trotz seiner Glorifizierung der Geschwindigkeit und Beschleunigung, war durch und durch ein Phänomen der Statik, seine Leidenschaft galt nicht eigentlich der namengebenden Zukunft, als etwas Unbekanntem bzw. ganz Anderem, sondern vielmehr einer verräumlichten und dadurch verewigten Gegenwart, die all ihre modernen Anlagen bis zum Extrem hinausführt, ohne an ihrer Grundeinrichtung etwas zu ändern. Der Maschinenmensch ist das Vorbild einer dem biologischen Verfall enthobenen Lebensform, und die Feier der Simultaneität, worin die Futuristen den Ausdruck der Integration von Raum und Zeit sahen, offenbart die Sehnsucht nach einem derart beschleunigten Zustand, da alles gleichzeitig stattfindet und zeitliche Abfolge und Differenz keinen Begriff mehr haben. In diesem Ideal, dem Sprung aus der Geschichte mittels der "ewigen, allgegenwärtigen Geschwindigkeit" (Marinetti), entgegnet der dynamisierten Statik der "klassischen" modernen Avantgarde die stillstehende Dynamik der totalen Geschwindigkeit: Das mechanisch-monotone Stampfen der Maschinen bildet ein monolithisches Muster in der Zeit, jede Beschleunigung zielt auf ihr Absolutes, die Einmündung in das gleichsam stählerne Ornament der erstarrten Bewegung, die nicht mehr steigerbar ist. Der Futurismus setzte alle Hebel in Bewegung, um der Bewegung selbst zu entfliehen, der ewig unsicheren, Vergangenheit produzierenden Wandelbarkeit; er hoffte die Zeitlichkeit zu überwinden indem er sie überrundet. Am Horizont versprach sich ein ewiges, mindestens tausendjähriges Reich, worin nur die Schnellsten überleben.

Auf dem Weg dorthin musste Metropolis noch ein Mal stottern. Der Maschinenmensch wurde zweckentfremdet und entartete zum expressionistisch-aufrührerischen Monster, und der arbeitsam-gleichförmige Rhythmus der Stadt war den Launen der Massen noch zu sehr ausgesetzt, um reibungsfrei zu funktionieren. Das sollte nicht noch einmal vorkommen.

Spiel dein Spiel und töte, Herkules! (1995)

Über die Möglichkeit einer Wiederkehr des antiken Heroen im Italowestern

Der Held des Italo-Western (...) ist eine der letzten möglichen Helden-Varianten in einer Welt, die Helden eigentlich nicht mehr hervorzubringen vermag.
Georg Seeßlen[26]

Der Heros des antiken Griechenland ist das ideale Objekt der Kunst, so lässt es sich aus dem ersten Teil von Hegels Ästhetik herauslesen. Aus allen individuellen Ausformungen der Kunst, aus den Meisterwerken aller Epochen kürt Hegel den Helden der griechischen Sage zur unerreichbaren Spitze ästhetischer Gestaltung, hinter dem, so er seinem Wesen gemäß gearbeitet ist, die gesamte künstlerische Produktion zurückbleibt, möge sie für sich noch so vollendet, möge ihr Gehalt noch so adäquat ausgeführt sein. Diese doch sehr einseitig und normativ anmutende Haltung will näher untersucht sein.

Zunächst müssen wir darlegen, welche spezielle Bedeutung Hegel der Kunst in seinem gewaltigen, gleichsam nach Zuständigkeitsbereichen strukturierten System beimisst. Sie betreibt die niedrigste Stufe des absoluten Geistes, zeitlich vor der Religion und der Philosophie, worin der Geist auf der konkreten, materialen Ebene des Bildes zur Erkenntnis seiner selbst kommt.[27] In der Kunst geschieht die Verankerung der Idee in der Materie und gleichzeitig die Aufladung der Dingwelt mit Begriff. Das Allgemeine der Ideenwelt verwirklicht sich in der äußeren Realität, sie schließt sich mit

---

[26] *Western Kino*, Rowohlt TV, Reinbek 1979, S. 181f.
[27] Die genaue Einordnung der Ästhetik in Hegels System und damit dessen Gesamtgestalt möchte ich aus Gründen des Platzes und der Flüssigkeit des Gedankengangs als bekannt voraussetzen.

43

dem Individuellen zur wahren Totalität zusammen, welches wiederum erst in innigem Kontakt mit seinem Begriff wahrhaft wirklich wird. "Mit einem Worte, die Kunst hat die Bestimmung, das Dasein in seiner Erscheinung als *wahr* aufzufassen und darzustellen, d.i. in seiner Angemessenheit zu dem sich selbst gemäßen, dem an und für sich seienden Inhalt. Die Wahrheit der Kunst darf also keine bloße Richtigkeit sein, worauf sich die sogenannte Nachahmung der Natur beschränkt, sondern das Äußere muss mit einem Inneren zusammenstimmen, das in sich selbst zusammenstimmt und eben dadurch sich als sich selbst im Äußeren offenbaren kann."[28]

Die Idee, die in der materialen Realität in solcher Form, d.h. ihrem Wesen gemäß zur Bestimmtheit gebracht ist, nennt Hegel das Ideal, und dieses Ideal ist das Schöne, die Idee in ihrer substantiellen materialen Form. "Das *Schöne* bestimmt sich dadurch als das sinnliche *Scheinen* der Idee".[29] Das Ideal ist die im Medium der Materie dargestellte Versöhnung von Allgemeinem und Besonderem, von Begriff und seinem äußerlichen Dasein. Es ist die über das Kunstwerk in sinnlicher Evidenz festgehaltene bekannte Trias der Hegelischen Dialektik von These, Antithese und Synthese, die vermittelnde Aufhebung des Gegensatzes von Geist und Natur zu einer substantiellen konkreten Realität.

Diese im Ideal geleistete gegenständliche Versöhnung ist unterschiedlich zu deuten. Zum einen ist sie verstehbar als Symbol einer zur Zeit des Kunstwerkes existierenden Versöhnung in der Welt, als sinnliches Zeugnis der Einheit von Welt und Individuum. Diese Interpretation setzt voraus, dass es keine partielle abgehobene Einheit der Gegensätze geben kann, dass, wenn ein Teil zur Versöhnung fähig ist, alles versöhnt sein muss, und daher die Weltgeschichte die

---

[28] G.W.F. Hegel, *Vorlesungen über die Ästhetik*, Bd. I, Theorie Werkausgabe Bd.13, Suhrkamp Verlag, Ffm 1970, S. 205
[29] S. 151

Entwicklung einer seit je waltenden Versöhnung ist, welche sie zu aller Einsicht in der Kunstgeschichte niederlegt, (und nicht nur dort, aber nur diese Seite soll uns hier interessieren,) hin zu einer am Ende aller Zeiten liegenden absoluten Vereinigung des Geistes mit sich selbst durch sein Anderes hindurch. Dieses Ende der Geschichte wäre ein bloßer Abschluss einer horizontalen Entwicklung, deren innere Triebkräfte zwar zu voller Ausbildung gekommen sind, jedoch, da von Anbeginn vorhanden, keine qualitative Veränderung mit sich brachten. Die Einheit wechselte höchstens ihre Gestalt; auch ein junger Gott ist schon ein Gott. Die je eigene Art und Weise, wie eine Epoche ihre Versöhnung darstellt, gäbe dann Auskunft über die momentane nähere Ausformung des Göttlichen in der Welt, das eine jede Menschheit die ihr zustehende Einigkeit genießen lässt. Jeder gesellschaftliche Zustand ist nach dieser Sicht gleichberechtigt, das messianische Element ausgetrieben.

Zum anderen lässt sich die Versöhnung im Ideal auffassen als selber durchgeführte, als eigenständig dargestellte freie Vereinigung der die Welt durchziehenden Gegensätze, die als Teil des aller unfreien Verstrickung in das Dingliche enthobenen absoluten Geistes zur Vollendung fähig ist und "somit ihren Endzweck in sich (..) selber hat"[30]. Dem Rest der Welt jedoch, der sich der äußeren Endlichkeit noch nicht hat entringen können und weiterhin in Konflikt und Entzweiung verhaftet ist, kann ein solches Kunstideal höchstens als Bild oder Vorschein einer allgemeinen Versöhnung dienen, die Diskrepanz zur rauhen Wirklichkeit ist im besten Fall stiller Ansporn, es der Kunst gleichzutun

---

[30] S. 82 (kommentarlose Seitenzahlen seien auf vorgenannte Ausgabe bezogen)

und die bislang zerrissene Welt in einen versöhnten Zustand zu bringen.[31]

Hegels Formulierung von der Versöhnung als dem "an und für sich Vollbrachten und ewig sich Vollbringenden"[32] ist vereinbar mit beiden Deutungen, zumindest das "ewig sich Vollbringende" aber weist auf einen Prozess hin, worin dessen Subjekt aus der Unvollständigkeit und sich-selbst-Fremdheit zu der in ferner Zukunft liegenden Entfaltung seines wahren Wesens sich herausbildet. Die Utopie, als Ergebnis einer Reform oder aber einer Revolution, liegt in dieser Geschichtsphilosophie noch tief begründet. M.E. ist Hegel in dieser zweiten Weise auszulegen, da erstens der z.T. erbärmliche Zustand der Welt ihm nicht entgangen sein kann, und zweitens der Topos der Versöhnung der Gegensätze kein zentrales Problem einer Philosophie sein dürfte, die sie im Grunde als ewig existent annimmt.[33] In der Tat weist er zu

---

[31] Die spätestens mit Beginn ihrer Massenrezeption einsetzende eskapistische Funktion der Kunst, die Surrogation des Verlangens nach allgemeiner Versöhnung durch die partikulare der einzelnen Kunstwerke, und somit deren unzulässige Projektion auf die entfremdete Welt, soll hier nicht weiter beachtet werden. Zumal seit der modernen "Schönheit der Hässlichkeit" die Begriffe Schönheit und ästhetische Relevanz auseinanderfallen können, die Hegelische Auffassung der Versöhnung aber deren unbedingte Kongruenz voraussetzt. Die Realitätsflucht indes klammert sich im Zweifelsfall an das Hübsche und Harmonische und benutzt das Kunstwerk zu ihm äußeren Zwecken der Einlullung; die Rezeption verliert bis auf den unmittelbaren Genuss alle ästhetische Relevanz.

[32] S.82

[33] Unbeachtet sei hier auch noch die spätere Adornische Wendung des Ideals als Darstellung "im Lichte der Versöhnung", solange sie ästhetisch vollendete aber modern disharmonische Kunstwerke einbegreift, die den idealen Zustand rein in der Negation festhalten. Das Hegelische Kunstschöne dagegen ist grundlegend affirmativ und somit, wie gesagt, ohne die traditionale Auffassung der Schönheit nicht zu denken. Die synthetisierende Kraft des Ideals und damit sein Bezug auf den idealen Zustand liegen gerade in der zwar begrenzten,

mehreren Gelegenheiten auf den niederen Zustand der Welt hin und genauer, welche Elemente des gemeinen Daseins absolut zu keiner idealen Darstellung fähig sind, sodass man jener eine zeitlose innere Harmonie nur schwer unterstellen kann.

Diese Überlegungen seien an dieser Stelle aber nur insofern von belang, als sie zur Klärung des Begriffs der konkreten Versöhnung und speziell ihres weiteren Bedeutungsspektrums dienen. Dem Kunstwerk, d.h. der einzelnen idealen Darstellung, die wir hier untersuchen wollen, kann es vorerst egal sein, wie raumgreifend ihre Versöhntheit verstanden wird und welche gesellschaftlichen Konsequenzen sie also enthält, ihre innere ästhetische Konstruktion bleibt davon unberührt. Bestehen bleibt die Frage, warum Hegel einen bestimmten Inhalt anzugeben für möglich und geboten hält, einen im tagtäglichen wie im genauen Sinn "idealen" Inhalt, der der künstlerischen Darstellung am geeignetsten sei. Aus dem bisher Gesagten ließe sich auch durchaus schließen, dass ein jeder Gehalt zur künstlerischen Vollendung fähig ist, so er seinem wahren Wesen gemäß zur Darstellung gebracht wird. Ist es nicht wahrhaft unkünstlerisch, die verschiedenen Kunstepochen und sogar -richtungen gegeneinander auszuspielen, die in ihrer ästhetischen Inkommensurabilität ihre je eigene Größe besitzen? Wäre es nicht schlicht anmaßend, in wertender Absicht eine gotische Kathedrale mit der Gioconda zu vergleichen, und beide mit einem hellenischen Epos?

Nein. Jedenfalls nicht bei Hegel. Er sagt explizit, dass es der Kunst nicht darum gehen könne, "*diese* oder *jene* Idee"[34] in Übereinstimmung mit ihrem Wesen zum Vorschein

---

aber in sich real durchgeführten Vermittlung der Gegensätze im einzelnen Kunstwerk. (Wie anfangs angedeutet beziehe ich mich in der ganzen Arbeit auf den ersten Teil der *Ästhetik* (nebst Einleitung). Was später, so eventuell auf deren letzten Seiten, folgen könnte, weiß ich sowohl methodisch als auch real noch nicht...)

[34] S. 105

zu bringen; dies wäre bloße Richtigkeit. Die Wahrheit dagegen eröffnet sich erst durch *die* Idee, d.i. die im Geist ausgedrückte und ihn ausdrückende Idee, und zwar in der Kunst eben in Form des Ideals. Hegels strenger Wahrheitsbegriff erlaubt tatsächlich die Formulierung von Inhalten, die als Träger des Ideals unterschiedlich veranlagt sind, diese Idealität zu ihrer vollendeten Gestalt zu bringen. Das Ideal ist kein individuelles künstlerisches Ziel, das je nach Fertigkeit im Einzelfall erreicht wird oder nicht, es ist der Pol, um den herum, oder besser der Fluchtpunkt, auf den hin die Kunstwerke in einer ihrer "Würdigkeit" angemessenen Entfernung sich anlagern. Gleichwohl bestreitet Hegel keineswegs, dass es jenseits des vollendeten Ideals keine bedeutende Kunst geben kann; im Gegenteil verwendet er z.t. viel Zeit darauf, gleichsam "niedere" Kunstwerke in ihrer Größe und Schönheit zu würdigen, während er gleichzeitig ihren Abstand zum Ideal verdeutlicht. Dieses nämlich ist in reiner Form nur realisierbar mit einem Inhalt, der die von der Idee praktizierte Vereinigung der Gegensätze in Affirmation sinnfällig zu machen fähig ist, die Synthese von jeweils in sich vernünftigen antagonistischen Prinzipien.

Dieses für das Ideal prädestinierte Material erblickte Hegel in den Mythen der griechischen Heldenepen. Hierbei muss man eine scharfe Unterscheidung vornehmen: Diese Bevorzugung vermeintlich klassischer Inhalte ist unabhängig von Hegels (vermeintlicher) Einschätzung der Klassik als höchster Kunst. Die griechischen Sagenhelden waren freilich keine Zeitgenossen der griechischen Künstler der Antike, auch diese benutzten ihre damals schon einige Jahrhunderte alte mythische Vorzeit als Ideenlieferant ihrer Kunstproduktion. Die griechische Sagenwelt gehört daher der klassischen hellenischen Kunst ebensosehr an wie späteren Epochen, worin sie ästhetisch verarbeitet wurde. Überdies erweckt Hegel an einigen Stellen der Einzelanalyse von Kunstwerken[35]

---

[35] Z.B. im Vergleich Goethes mit Euripides, S. 297ff

den Eindruck, als sei seine damalige moderne Zeit am ehesten geeignet gewesen, die alten Stoffe zu realisieren, da die zeitgenössische poetische Kunst, und in ihr speziell die dramatische zur höchstentwickelten Art der Kunst fortgeschritten war. Aus Gründen, die hier näher auszubreiten nicht der Ort ist, schätzte Hegel die Poesie in der Tat höher ein als die Skulptur, d.i. die angemessenste Kunst der griechischen Klassik, welche allerdings vor späteren Epochen den wirklichen Vorzug hatte, gegenüber Religion und Philosophie die seinerzeit höchste Form des absoluten Geistes zu bilden. Vorsichtig könnte man formulieren, dass Hegel die Klassik als höchste Kunstform verstand, die Poesie aber als höchste Kunst.

Die Poesie nämlich hat als einzige Kunst die Möglichkeit, die Zusammenführung und Vermittlung von konkurrierenden Prinzipien zu einer Synthese in ihrem realen Prozess nachzuzeichnen, angefangen bei der Kollision der zunächst starren Gegensätze, über ihre antagonistische Wechselwirkung aus Aktion und Reaktion, bis zu ihrer finalen gegenseitigen Durchdringung und Aussöhnung zu neuer Harmonie.[36] Der anderen Kunst der Zeitlichkeit, der Musik, hat die Poesie wiederum die konkrete geistige Bestimmtheit durch Sprache voraus. Die übrigen Künste, Architektur, Skulptur und Malerei, können dagegen nur einen Moment einer solchen vermittelnden Entwicklung fixieren, dies zwar in größerer Mannigfaltigkeit und Vieldeutigkeit der Details und auch in je spezifischer Vereinigung der im Material arbeitenden Kräfte, und doch kann diese als ein festgehaltener Augenblick nur einer der Harmonie sein, worin die Gegensätze, mögen sie noch so krass gewesen sein, schon selig in Versöhnung ruhen. Eine Darstellung, die die

---

[36] Gesehen aus der zeitlichen Perspektive Hegels, der der Bilderzyklus, der sich später zum Comic absonderte, nicht als eigenständige Kunstdarstellung galt, und die außerdem den Film noch nicht kannte.

widerstreitenden Seiten in ihrer Kollision und unversöhnt im Bilde offenhält, sie somit zementiert und die in ihnen selbst angelegte Austragung der Widersprüche verhindert, mag zur Verdeutlichung der Anfangsgründe des Kunstschaffens dienen, dem Ideal angemessen ist sie nicht. Nur die Poesie vermag einerseits die Antagonismen in ihrer ganzen Schroffheit und unversöhnlichen Feindseligkeit zu präsentieren, und andererseits im selben Kunstwerk sie vor den Augen des Rezipienten zu ihrer um so versöhnlicheren Durchdringung zu führen. "Denn die Größe und Kraft misst sich wahrhaft erst an der Größe und Kraft des Gegensatzes, aus welchem der Geist sich zur Einheit in sich wieder zusammenbringt; die Intensität und Tiefe der Subjektivität tut sich um so mehr hervor, je unendlicher und ungeheurer die Umstände auseinandergezogen und je zerreißender die Widersprüche sind, unter denen sie dennoch fest in sich selber zu bleiben hat. In dieser Entfaltung allein bewährt sich die Macht der Idee und des Idealen, denn Macht besteht nur darin, sich im Negativen seiner zu erhalten."[37]

Diese Entfaltung der Idee in ihrer Verleiblichung nun erfolgt in der Handlung. Der in sich ruhende reine Geist, der von seinem Elfenbeinturm steigen und durch die prosaische Zerrissenheit der Realität sich wühlen muss, um zu seiner wahren Verwirklichung zu gelangen, ist in der idealen Handlung auf partikulare, aber wesenhafte Züge konzentriert. Als erste, allgemeinste Bestimmtheit liegt die Idee im Weltzustand vor, der die grundlegenden historischen Verhältnisse und Daseinsmöglichkeiten ausmacht, worauf die eigentliche Handlung wie auf einer Bühne sich erheben und abspielen wird. Dieser allgemeine Zustand ist der kulturale Resonanzboden, der durch Einspinnung in umgreifende Bezüge eine Geschichte erst zu der Individualität konkretisieren kann, die das Ideal zur Erscheinung benötigt. Eine Geschichte nämlich mag noch so allgemeingültig und

---

[37] S. 234

zeitlos sein, das gänzliche Fehlen eines gesellschaftlichen Bedeutungsrahmens würde ihre sämtlichen Bestimmtheiten ins Abstrakte und Wahllose verkehren, wie wir später noch sehen werden, alle geistigen, sittlichen o.ä. Konsequenzen und gleichsam Vorzeichen würden verschwinden oder sogar, bei Transposition in einen der Geschichte undienlichen Zustand, in ihr Gegenteil umschlagen.

Das Bindeglied zwischen dem historischen Rahmen und der Handlung ist die Situation. Nach dem Weltzustand als Möglichkeit der individuellen Gestaltung bildet sie deren Anlass; genauer, sie konzentriert die im Hintergrunde noch verborgen liegenden allgemeinen Mächte und schält sie zu ihrer Konkretion heraus, sodass in verleiblichter Form sie unweigerlich zueinander in Konflikt geraten. Die Situation kann diese Besonderung des Geistes in seinem Stofflichen in unterschiedlichem Grad besorgen, von einer noch vornehmlich dem unbestimmten Allgemeinen zugeneigten Darstellung einer göttlichen Ruhe und inneren Seligkeit bis hin zur unerbittlichen Kollision der in äußerster Partikularität niedergelegten Kräfte. Letztere Ausbildung der Situation sieht Hegel als dem Ideal angemessenste, indem sie den Geist zu der wahren Besonderheit und zur realen Austragung seiner eigenen Widersprüche leitet, die er notwendig durchlaufen muss, um zu seiner wahren Totalität zu gelangen. Nur die Situation der Kollision stellt die konkreten Umstände bereit, die das Material in seiner Ausführung zur Aktion und Reaktion und damit in Konflikt mit sich selber bringen. Auf der anderen Seite muss die Situation, um dem Ideal gerecht zu werden, gewährleisten, dass in ihr nicht solche Konflikte angelegt sind, die womöglich die Handlung veranlassen, sich gleichsam in bloße Zufälligkeit zu verflüchtigen. Denn sie hat nicht die Aufgabe, möglichst gründlich das Substantielle in sein Gegenteil zu überführen, wo es sich nicht mehr wiedererkenne, sondern gerade, die beiden endlichen Seiten des Allgemeinen und des Individuellen miteinander zu vermengen und ihre gegenseitige Fremdheit aufzulösen, dass die eine Seite durch die jeweils andere hindurchscheine. Die ideale Situation entlässt eine Bestimmtheit in die Welt, "in welcher sich zugleich die *allgemeinen Mächte* als das *Waltende* erhalten. Denn das bestimmte Ideal hat, nach seiner wesentlichen Seite genommen, die ewigen weltbeherrschenden Mächte zu seinem substantiellen Gehalt."[38]

Die konkrete Ausführung eines in der Situation angelegten Konfliktes ist endlich Sache der eigentlichen Handlung, nämlich der Vermittlung der aufeinandertreffenden Konfliktpartner und deren Aussöhnung. Über die Funktion hinaus, die Situation aufzunehmen und auszuspielen, kommt der Handlung als wichtigste Aufgabe hinzu, durch Aktion und Reaktion und womöglich durch die härtesten Kämpfe hindurch den Konflikt zu seiner Auflösung in Harmonie zu treiben, welche zu Anfang, mit der Verleiblichung der widerstreitenden Mächte, durch Verletzung aus dem Gleichgewicht geriet. Die Handlung ist die Arena, worin der Geist seine inneren Wesenheiten in ihrem körperlichen Dasein gegeneinander antreten lässt, um in ihrem reinigenden Kampfe zur höheren Verständigung seiner selbst zu kommen. Hierzu ist die abschließende Versöhnung unerlässlich; die widerstreitenden Kräfte in einseitiger Entzweiung zu entlassen wäre erstens nicht schön, weil das vermittelnde Ideal nicht zur Verwirklichung käme, und zweitens unnütz und hinderlich, weil es die Idee in starrer innerer Gegensätzlichkeit festnagelte, statt den Erkenntnisprozess zu höherer Einsicht zu bringen.

In dieser Hinsicht ist weiterhin zu beachten, dass die sich bekämpfenden Mächte idealer Art sein müssen, um dem Ideal zu dienen. "Durch ihre Bestimmung zwar können sie in Gegensatz geraten, doch ihrer Differenz unerachtet müssen sie in sich selber Wesentlichkeit haben, um als das bestimmte Ideal zu erscheinen."[39] Nur in sich vernünftige und berechtigte

---

[38] S. 259
[39] S. 286

Seiten eines Konfliktes, d.h. dem Geist in seinem Wesen angehörige, werden dessen Entwicklung gerecht; die Bedeutung der Kämpfenden, und damit die Leistung ihrer Synthese, wächst mit der affirmativen Substanz des jeweiligen Gegners. Das Schlechte, Böse und Hässliche als selbständige Mächte sind somit aus dem Bereich der wahren Kunst verbannt.

In der idealen Handlung sind die streitenden Gewalten zu eigenständigen Individuen gestaltet, zu wirklichen Personen, die in ihren realen Interessen und Bedingtheiten ihre idealen Wesenheiten ausfechten. Auch hier geht es um einen Ausgleich der im Ideal zerrenden Pole, weder darf das Individuum bloßes einseitiges Sprachrohr eines abstrakten Inhalts sein, noch sich in der reinen Individualität verlieren, sei's dass es in der Innerlichkeit versinkt, sei's dass es sich in der äußeren Zufälligkeit verzettelt. Das Individuum muss einen selbständigen, in sich runden Charakter bilden, worin dennoch die herrschenden Kräfte substantiell sich betätigen können. In ihm muss die Zweiheit der Mächte voll aufbewahrt bleiben, die einerseits die alles und jeden Winkel der Welt durchwaltenden und ordnenden Prinzipien sind, andererseits die ureigensten inneren Triebkräfte des menschlichen Gemüts. "Der Inhalt der Götter muss sich als das eigene Innere der Individuen erweisen, (...) Das Gemüt des Menschen muss sich in den Göttern offenbaren, welche die selbständigen allgemeinen Formen für das sind, was in seinem Innern treibt und waltet."[40]

Die allgemeinen Mächte, lebendig in der Menschenbrust, bilden das, was Hegel das Pathos nennt, eine "in sich selbst berechtigte Macht des Gemüts, ein wesentlicher Gehalt der Vernünftigkeit und des freien Willens."[41] Das Pathos bezeichnet hier weniger eine übertriebene Leiden- schaft, wie im Deutschen gebraucht, sondern genauer die

---

[40] S. 295
[41] S. 301

Anwesenheit des Göttlichen im Individuum.[42] Hiermit ist keineswegs gemeint, dass jede einzelne Seite des göttlichen Ganzen, bzw. jeder einzelne Gott, einen persönlichen Stellvertreter auf Erden sich sucht, die Individuen also als fleischgewordene göttliche Eigenschaften herumlaufen. Vielmehr müssen alle göttlichen Kräfte, freilich in je unterschiedlicher Ausprägung und Intensität, in jedem Menschen versammelt sein. "Zu einem wahrhaften Menschen gehören viele Götter, und er verschließt in seinem Herzen alle die Mächte, welche in dem Kreis der Götter auseinandergeworfen sind; der ganze Olymp ist versammelt in seiner Brust."[43] "Das Pathos also muss, um in sich selber, wie die ideale Kunst es fordert, konkret zu sein, als das Pathos eines reichen und totalen Geistes zur Darstellung kommen."[44]

Das Pathos nun ist zwar das Wesenhafte im Menschen, aber es ruht dort mehr in göttlicher Potentialiät als dass es im gegenständlichen Prozess der individuellen Handlung anzutreffen wäre. Dieses zur wahren unendlichen Einzelheit geforderte Moment ist "das Pathos in konkreter Tätigkeit", nämlich "der menschliche Charakter".[45] Die im Individuum zur Besonderung gediehenen Mächte schließen sich im tätigen Vollzug der Handlung zum einen unendlichen Charakter zusammen. Der Charakter im genauen Sinne ist die totale Individualität, und daher auch der eigentliche Mittelpunkt der idealen Kunstdarstellung, der Brennpunkt, in dem alle gegensätzlichen Prinzipien der Kunst, Allgemeinheit und Besonderung, Subjektivität und Objektivität, Geist und

---

[42] Laut Langenscheidt bezeichnete Pathos im Griechischen u.a. Erlebnis, Leid(en), Kummer, Seelenstimmung, Leidenschaft, Begierde, aber auch Schicksal, Ereignis, Vorgang. Dagegen ist neben der Bedeutungsverbiegung im Deutschen das englische *pathetic* z.B. noch prosaischer geworden, es bedeutet neben leidenschaftlich vor allem lächerlich, armselig.

[43] S. 307

[44] S. 306

[45] ebd.

Sinnlichkeit ihren gemeinsamen Schnittpunkt finden. "Die bisher betrachteten Seiten (sind) als Momente seiner eigenen Totalität in sich vereinigt." Der wahre Charakter nämlich ist der, der in Anbetracht seiner inneren Fülle dennoch "er selbst, ein in sich abgeschlossenes Subjekt bleibt."[46]

Nun endlich können wir untersuchen, was gerade die mythischen Helden der griechischen Bronzezeit so mustergültig macht für die Darstellung des Ideals. Es war die Zeit der individuellen Selbständigkeit, wie Hegel dies nennt, die vermutlich einzige Zeit der Weltgeschichte, worin der Charakter eines Menschen zur vollen Ausbildung kommen konnte. Mythisch gesehen war es die Übergangszeit zwischen dem Goldenen Zeitalter, da die Menschen keine Probleme und Konflikte kannten und das Ideal daher wenig Halt fand, und dem verrechtlichen Staatswesen, wo die inneren Konflikte der Menschen auf erstarrende Äußerlichkeiten überantwortet sind. Historisch, wenn man so sagen mag, denn Historiographie über die Heroenzeit liegt nur in Mythen vor, will sie die selbständige Übergangszeit markieren zwischen einem willkürlichen Rumgekloppe in der Steinzeit, als die sittlichen Kräfte des Allgemeinen gerade mal am Erwachen waren, und dem sich ausbildenden Rechtssystem der Hellenen und speziell der Römer. Diese verhältnismäßig kurze Mittelzeit bildete die mythohistorische Epoche der wahren Selbständigkeit des Individuums, in ihr entfalteten sich die allgemeinen Mächte in der Wirklichkeit des Individuums endlich zu ihrer ganzen Wirksamkeit, waren aber noch in dessen reiner subjektiven Freiheit begründet, bevor sie später auf überindividuelle und unpersönliche Instanzen abgewälzt wurden. Es bestand im heldischen Menschen die größt-mögliche "Einheit und Durchdringung der Individualität und Allgemeinheit, indem ebensosehr das Allgemeine durch das Einzelne erst konkrete Realität gewinnt, als das einzelne und besondere Subjekt in dem Allgemeinen erst die

---

[46] S. 307

55

unerschütterliche Basis und den echten Gehalt seiner Wirklichkeit findet."[47] Die allgemeinen Kräfte des Geistes sind hier noch das Eigenste des Subjekts selbst, und zwar nicht nur seines Denkens, sondern überhaupt seines gesamten Charakters und Gemüts, und erlangen allein durch es ihre Wirklichkeit.

Hegel betont, dass es ihm nicht darum geht zu entscheiden, welcher Zustand überhaupt der bessere sei; sein einziges Anliegen ist, den dem Ideal angelegensten Weltzustand aus dessen eigenen Forderungen herzuleiten. Und das Ideal als bestimmte sinnliche Allgemeinheit fordert Individuen, die "aus der Selbständigkeit ihres Charakters und ihrer Willkür heraus das Ganze einer Handlung auf sich nehmen und vollbringen und bei denen es daher als individuelle Gesinnung erscheint, wenn sie das ausführen, was das Rechte und Sittliche ist"[48], die also in ihrer ganzen Tätigkeit ihr Pathos gleichzeitig als ihren ureigensten Willen erscheinen lassen, der ihnen von keiner Seite aufgedrängt wurde, von keiner äußerlichen Gesetzlichkeit, weil es so etwas noch nicht gab, und auch nicht von den Göttern, weil deren Prinzipien in freier Aneignung als die eigenen erkannt sind. Das Substantielle und das Besondere befinden sich in unmittelbarer Einheit. Die griechische Tugend besteht darin, dass "die Individualität sich selbst das Gesetz ist."[49]

Die Heroen sind keinem existierenden Gesetz unterworfen, weil sie gleichsam selbst die Gesetze machen, ihr Weltzustand allerdings ist keineswegs ein gesetzloser. Das Gesetz ist ihr Pathos, dessen überindividueller substantieller Grund gewährleistet, dass nicht jeder machen kann, was er will, dass in jedem Heros, so er nur ein wahrer ist, die selben sittlichen Triebkräfte herrschen. Die Heroen leben weder in einer rechtlosen, noch in einer rechterhaltenden Zeit, sie

---

[47] S. 237
[48] S. 243f
[49] S. 244

machen diese im Wortsinne rechtschaffend.[50] Die heroische Tugend ist darum so vorbildlich, als sie die wahrlich herkuleische Tat vollbringt, in einem chaotischen und beizeiten barbarischen Zustand Schneisen für die Sittlichkeit und Moral zu schlagen.[51] Der Heros findet eine rechtlose und sittenfeindliche Welt vor, in der er durch seine eigenen, vom göttlichen Pathos geleiteten Handlungen Recht erst in die Welt setzt. Wirkliche Helden zeichnen sich dadurch aus, dass sie nach einem inneren allgemeinen Gesetz handeln, das in der äußeren Welt keine oder nur eine vage Entsprechung besitzt, und dieses Gesetz durch seine bloße Ausführung, was gerade seine Versinnlichung ist, zur Norm erheben, "so dass Recht und Ordnung, Gesetz und Sitte von ihnen ausgehen und sich als ihr individuelles Werk, das an sie geknüpft bleibt, verwirklichen."[52] In gewissem Sinne ziehen sie durch die Gegend und hinterlassen mit jedem Handgriff einen Präzedenzfall.[53]

---

[50] Und nicht rechtschaffen, was "nach dem Recht geschaffen" beinhaltet, und auch nicht (bestehendes) Recht durchsetzend.

[51] Dass Herkules selber "nicht eben ein moralischer Held, (..) und auch nicht vornehm" (S. 244) ist, wie Hegel meint, ändert daran nichts. Abgesehen von seiner eigenen Einschränkung, dass Herkules "überhaupt als ein Bild dieser vollkommen selbständigen Kraft und Stärke des Rechten und Gerechten" erscheint, mögen die moralischen Werte zwischen Antike und Romantik sich auch geringfügig geändert haben.

[52] S. 244

[53] Dieses Moment des Rechtschaffens hat der Heros im Grunde allen anderen Helden voraus, die Hegel selbst auch als solche anführt, z. B. den Helden des christlichen Abendlandes. Mögen die nachgriechischen Helden die Sittlichkeit und Moral noch so verinnerlicht haben und der Gerechtigkeit eigenmächtig zur Durchsetzung verhelfen, immer haben sie eine Heilige Schrift in der Seele, ob Bibel, Koran oder republikanische Verfassung, selbst wenn sie sich in Zeiten des Verfalls nur an eine erinnern, oder sich auch nur negativ auf sie beziehen. Ich mag mich irren, aber m. E. sind die

Weiterhin ist der Heros, der mit seinem Sittengesetz allein steht, in seiner unmittelbaren Einheit mit seinen Handlungen auch selbst für deren Konsequenzen verantwortlich, ungeachtet seiner Intentionen. Er hat keine übergeordnete eigenständige Instanz, geistlicher oder weltlicher Art, vor der er sich verantworten müsste, die selbständige Individualität ist niemandem Rechenschaft schuldig, kann deshalb aber auch von niemandem von Schuld entbunden werden. Der Freispruch für denjenigen, der in Unwissenheit gesündigt hat, ist nur möglich, wenn der Tatbestand selbst anderweitig fixiert ist. Der heroische Charakter dagegen in seiner Totalität, der kein Gesetzeswerk als bekannt voraussetzen kann, nimmt seine Taten in vollem Umfang auf sich und steht für alle Folgen ein, ob er willentlich gehandelt hat oder nicht. In Zeiten des Rechtswesens wäre Ödipus in der Hauptsache freigesprochen worden, da er nur in völliger Unwissenheit Vater getötet und Mutter gefreit hat. Im heroischen Zeitalter jedoch strafte er sich für diese seine Tat und machte sie so als Verbrechen erst kenntlich. Denn es ist nur eine Seite, wenn der Heros sich an seinen inneren göttlichen Wertekatalog hält, hiernach seine Handlungen wählt und jene so der Welt kundtut. In gleichem Maße erschafft er die expliziten Werte erst in dem Augenblick, da er sein allgemeines Sittengesetz auf die betreffende Frage zur Anwendung und Bestimmtheit bringt. Das einzelne moralische Gebot ist nicht das, woran der Heros exemplarisch sich hält, sondern das, was er mit seiner freien substantiellen Handlung erst formt und der Nachwelt hinterlässt. Herakles am Scheidewege hat seinen Nachkommen zwar gezeigt, dass man der Tugend den Vorzug vor der Liederlichkeit geben soll; vor allem aber dadurch, dass er letztere selber als solche und nicht als Glückseligkeit behandelt hat, wie sie nämlich auch genannt

---

mythischen Helden der Alten die bedeutendsten Helden *ohne* kanonische Schriften.

werde,[54] hat er die eigene pathosgeleitete subjektive Entscheidung zur formulierbaren Norm erhoben. Auch dass er die fünfzig Töchter des Thespios in einer Nacht schwängerte, wie Hegel überliefert, bezeugt möglicherweise weniger seinen partiellen Mangel an Moral sondern eher, dass eine solche Anstrengung zur Zeit ihrer poetischen Niederlegung als Großtat galt.[55] Bezeichnenderweise hat Hegels Zeitgenosse Gustav Schwab uns diese Episode unterschlagen.[56]

Dennoch ist nicht jede Tat eines heroischen Charakters allein dadurch gut, dass er sie vollbracht hat. Wie schon angedeutet, wird sie es letzten Endes durch ihre nachträgliche Behandlung. Erkennt sie der heroische Geist als gut, hat sie z. B. positive Folgen, so bleibt sie ungeschmälert. Schlecht aber war sie, bzw. wird sie nachträglich, wenn der Täter bestraft wird, von eigener oder fremder substantieller Hand. Ödipus musste sich selber sühnen, um Vatermord und Inzest überhaupt als Verbrechen festzulegen, und Orestes' Freispruch erst stellte den Vatermord als Verbrechen über den Muttermord (und, in weiterer Interpretation, zementierte die Ablösung des Mutterrechts durch das Patriarchat.)[57]

Abgesehen von der Tatsache, dass nach Hegel im weitesten Sinne historische Stoffe der Kunst allein schon durch ihre zeitliche Entfernung entgegenkommen, welche durch den verdichtenden Gestus der Erinnerung das zeitlos Allgemeine gleichsam in sich tragen, ist mit jener Anwesenheit des Substantiellen im Individuellen, gerade aber

---

[54] vgl. Gustav Schwab, *Die schönsten Sagen des klassischen Altertums*, Reclam, Stuttgart 1986, S. 172ff

[55] siehe auch Anm. 26, im übrigen weiß ich nicht, ob Herkules seine Tat später irgend revidierte, d.h. im nachhinein als unsittlich hinstellte.

[56] siehe Schwab, a.a.O.

[57] vgl. Schwab, S. 697ff. Zu Gericht saß zwar die Göttin Pallas Athene, doch in persönlicher Form. Außerdem waren ja die Götter, in Hegels Interpretation, außer selbständigen Wesenheiten zur selben Zeit auch die personalisierten Kräfte des menschlichen Gemüts.

mit der selbständigen Mächtigkeit des Individuums zum Allgemeinen das heroische Zeitalter dem Ideal als Grundlage das angemessenste.

Die Frage ist nun, inwieweit die ideale Einzigartigkeit der Heroenzeit wirklich ein theoretisch unverzichtbarer Bestandteil der ästhetischen Theorie Hegels ist, oder ob sie auch paradigmatisch verstanden werden kann, als Muster-beispiel, nach dessen Vorbild auch andere Zeiten und Völker zur idealen Darstellung fähig sind. Hegels eigene Verweise auf spätere Helden, etwa die Ritter der Tafelrunde, weisen, mit allen Einschränkungen[58], auf diese Möglichkeit. Im folgenden wollen wir darüber hinaus prüfen, ob es auch aus späterer Zeit Ansätze zu wahrer Heldendarstellung geben kann, womöglich in Kunstarten, von deren Existenz Hegel noch nichts wissen konnte.[59]

Etwas willkürlich[60] beschränken wir uns nun auf die Kunst des Films. Gegenstand der folgenden Untersuchung soll sein, im Italowestern Merkmale möglicher Heldendarstellung im antiken Verständnis aufzuspüren. Generell gälte es, im

---

[58] vgl. Anm. 53

[59] Dass Hegel von solchen noch nichts wissen konnte, ist allerdings keine Voraussetzung. Da die folgende Untersuchung inhaltsbezogen bleibt, ist der thematisierte Gehalt nicht unbedingt auf einen bestimmten ästhetischen Träger beschränkt und könnte ohne große Probleme in anderen, auch Hegel bekannten Kunstarten wie der Poesie durchgeführt sein. Überhaupt eröffnete gerade die existialistische Poesie des 20. Jahrhunderts eine neue Perspektive des Helden, dessen entfremdetes Dasein in den zu einer wackeligen Theaterkulisse verhärteten welterschließenden Prinzipien ihm ins Bewusstsein fährt und ihn somit zu erneut selbständigem Handeln zwingt. Doch ist der nötige Ort einer näheren Ausführung solcher Überlegungen eher eine Magisterarbeit als eine Fußnote. Auch soll die Frage, ob der Film rein ästhetisch dem Heldenzustande besonders zugetan ist, an anderem Orte behandelt werden.

[60] Jedoch "vom Willen gekürt" und nicht "wahllos". Der zu behandelnde Inhalt ist nämlich einzig im Film zu Popularität gelangt.

Film allgemeine Weltzustände, d.i. in diesem Fall vor allem Genres und deren Unterformen herauszufinden[61], die eine heroische Betätigung der Individuen beinhalten. Auszuschließen sind hier größtenteils solche Genres, die in verrechtlichten Zuständen situiert sind und diese nicht fundamental in Frage stellen.[62] Eine erste Überlegung legt nahe, dass nach Situationen zu suchen ist, worin Individuen sich außerhalb unserer "gegenwärtigen prosaischen Zustände"[63] bewegen, d.h. vor, nach, neben ihnen oder ganz jenseits ihrer. Dazu fallen u.a. ein (früh-) historische oder (um es sich einfach zu machen) gleich mythologische Filme; Science-Fiction-Filme, worin die Helden *boldly go where no man has gone before*; Endzeitfilme, die nach der Selbstauslöschung der Zivilisation gleichsam wieder eine gesellschaftliche tabula rasa präsentieren; Fantasyfilme, deren Welt gar keine Verbindung zu der unseren hat; oder eben Westernfilme, worin der leere,

---

[61] Gegebenenfalls natürlich auch Wellen, Bewegungen, nationale Kinos etc.pp. und einzelne Filme, sofern sie einen eigenen spezifischen Weltzustand vorstellen. Der Genrebegriff sei hier nicht unbedingt auf die populären "Genrefilm-Genres" beschränkt. Die Erfahrung zeigt freilich, dass gerade diese sich gern über ihren Weltzustand generieren.

[62] Zwar weist Hegel selber Möglichkeiten aus, wie in bürgerlichen Verhältnissen eine individuelle Selbständigkeit erneuert werden könnte, z. B. in Schillers *Räubern*, disqualifiziert diesen Ansatz aber selber als bloßes "Räuberideal", von dem "nur Knaben (...) bestochen werden" könnten (S. 256), da jeder, der gegen die bürgerlich verrechtlichte Gesellschaft rebelliert, gleichzeitig gegen die dort institutionalisierte Sittlichkeit sich wendet und so selber zum Verbrecher wird. Dies schließt wiederum nicht aus, dass auch in in diesem Sinne ausgeschlossenen Filmen es durchaus heroische Motive aufzufinden gibt. Die Frage ist aber, welches Genre *von sich aus* einen heroischen Zustand bereitstellt.

[63] S. 253ff.

unberührte Westen erst von Sittlichkeit erschlossen werden muss.[64]

Mit Ausnahme der vor-geschichtlichen Themenkreise, denen Hegel die Neigung zur idealen Darstellung genausowenig bestritten hätte wie z.b. dem Drama der Klassik, haben die genannten Genres selbstverständlich das gleiche Problem wie alle nachmythischen Weltzustände, dass nämlich, wie schon in Anm. 53 angedeutet, in den seltensten Fällen ihnen kein fixierter Wertkanon zugrundeliegt, der dem unentdeckten Land einfach übergestülpt wird. Anstatt dass sittliche Vorstellungen den Helden von inneren Göttern eingeflüstert werden, bringen sie jene in mehr oder minder festgeschriebener Form mit sich, ob missionarisch oder negierend, und sei es von ihrem Heimatplaneten, aus der Zeit vor dem Atomkrieg oder von der Ostküste.

Ein dem Ideal gemäßer Weltzustand ist allerdings noch keine Garantie für eine ideale Darstellung. Innerhalb des Western gibt es diesbezüglich einen m. E. entscheidenden Unterschied zwischen dem traditionellen amerikanischen Western und dem Italowestern, zumindest in deren ausgeprägten Formen. Der klassische amerikanische Western ist eine einzige Dramatisierung der *Manifest Destiny*, des tiefen amerikanischen Glaubens, dass der Westen seit jeher Eigentum der USA war,[65] dass deren Werte und Moralvorstellungen je schon dort galten, auch als noch keiner ihrer Repräsentanten vor Ort war. Dies bedeutet, dass für den amerikanischen Western der Westen keinesfalls erst mit dem

---

[64] Ich meine die Filme und nicht die historische Wirklichkeit. Etwaige indianische sittliche Zustände zählten dort gemeinhin zur wilden Natur.

[65] Dass einige Western, besonders Italowestern, in Mexiko spielen, deutet nur an, dass das US-amerikanische Sendungsbewusstsein noch nie vor anderer Staaten Grenzen halt gemacht hat; ferner und vor allem aber ist dieses dem amerikanischen Selbstverständnis unterliegende Gesellschaftssystem weithin auch dasjenige der zeitgleichen lateinischen Kolonisation.

Einzug im weitesten Sinne europäischer Zivilisation gleichsam moralisiert wurde, vielmehr dass schon mit Ankunft der ersten Pioniere deren Sittlichkeit den gesamten Kontinent überwölbte und deren Mission fürderhin nicht etwa darin bestand, ihre siegreiche Gesellschaft gegen einen äußeren Feind bis zum Pazifik durchzudrücken, sondern gerade die Wildnis des Westens als inneren Feind zu betrachten und die widerständige Natur[66] dem virtuell bereits überall waltenden Recht zur Angleichung zu bringen. Auch wenn die Institutionen noch nicht greifen, die Inhalte sind schon da. Die Leichtigkeit und Selbstverständlichkeit, mit der im amerikanischen Western neuerschlossene Gebiete zahlreich bevölkert und kultiviert werden, deuten an, dass die mythische *frontier* nicht den Fortschritt einer Eroberung sondern den einer Befriedung markierte. Ein schon großstädtischer Trubel in jedem gerade gebauten Wüstenkaff und eine gemeinhin ordentliche Kleidung der neuen Siedler, die sich von den Salons der Ostküste allzuoft nur durch Westernaccessoirs abhebt, hinterlassen nicht gerade den Eindruck eines unter Entbehrungen dem Chaos abgetrotzten Brückenkopfes der Kultur. Eher meint man, dass jemand seine Plätze einnimmt, die ewig für ihn freigehalten waren, wie im Geduldsspiel die Kugeln das durch kleine Mulden von anfang ausgesparte Muster nur ausfüllen und nicht erst herausbilden.

Der dazugehörige Westernheld weiß sich in den Bahnen ewiger moralischer Strukturen, bewegt sich gleichsam in einem sittlichen Äther, und statt Sinn in die Welt zu bringen, ist er wenig mehr als dessen williger Agent.[67] Der

---

[66] Wozu, in weiterem Sinne, außer der Wildnis auch Indianer und Verbrecher in den eigenen Reihen zu zählen sind.

[67] Der in der Literatur oft genannte Topos des Westerners als Mittler zwischen Zivilisation und Natur ist davon nicht beeinträchtigt. Als Vorkämpfer der nachrückenden Zivilisation steht er durchaus zwischen dem Bekämpften und dem, zu dessen Vorteil er letztlich kämpft, jedoch in den seltensten Fällen als unparteiischer Unterhändler.

klassische Westernheld ist Sheriff, Marshal oder ein ähnlicher Repräsentant der staatlichen Macht, zumindest der von ihr zementierten Wertmaßstäbe. Das Ideal im Sinne des Heroismus findet hier wenig Ansatzpunkte.

Der Italowestern dagegen hält das existentialistische Moment des sich-Behauptens in feindlicher und vor allem fremder Umwelt unerbittlich fest. Bestand in Hollywood der Bruch, woran das Drama sich entzündete, noch zwischen dem sich zivilisierenden Westen und dessen eigenen Resten von Wildnis, so verschob der Italowestern den Bruch zwischen den Westen selber und das ihn erschließende Individuum. Die dieses umgebende Welt bleibt ihm so feindlich wie am ersten Tag, jede Kulturleistung, von der Kleinstadt bis zur Kleidung, trägt an sich noch Narben des zehrenden Ringens mit der Wildnis, jedem einzelnen Bewohner der karg besiedelten Dörfer ist anzusehen, dass er den Weg nach Westen gemacht hat. Selbst die Landschaft ist zumeist nur Zeichen ihrer eigenen Unüberwindbarkeit, sie fährt ausgedörrte Wüsten, Regen, Schlamm und Schnee gegen die Eindringlinge auf, wo der ausgezehrte Westernheld Hollywoods sich wenigstens noch an satter Prärie oder der mythisch erhebenden Grandezza des Monument Valley berauschen kann.

Dieses nur in Ansätzen bezwungene Land ist wahrlich auch moralisch eine Wüste, ein sittliches Niemandsland. Die Helden des Italowestern bewegen sich rechtlich gleichsam unter freiem Himmel; kein sittlicher Dunstschleier liegt über dem Land, der alle Handlungen sogleich die Färbung des Guten oder Bösen annehmen lässt, kein Westernheld fühlt sich hier anderen Prinzipien verpflichtet als den eigenen. Und die bestehen aus selten anderem als selbstgerechter Brutalität, Geldgier und Rachsucht. Die frühere solidarische Zusammenarbeit von Cowboys, Siedlern, Gesetz und Kavallerie, die jeden Gegner letztlich in die Knie zwang, ist gewichen einem bellum omnium contra omnes, der jede moralische Regung mythohistorisch als blauäugig verfrüht und zur selben Zeit hoffnungslos veraltet erscheinen lässt. War der

Sheriff einmal der Archetyp des US-Western, so ist es nun der Kopfgeldjäger.[68]

Der Anarchismus des Italowestern bedeutet jedoch nicht, dass seine Welt durch und durch nihilistisch wäre, tatsächlich gibt es mehr von einem genuinen menschlichen Mitgefühl geleitete Gesten und Handlungen als vermutet[69]. Seine vielbesungene (und -beklagte) Morallosigkeit bezeichnet weniger eine vollkommene Abwesenheit als vielmehr die Tatsache, dass solidarisches Tun nicht per se belohnt wird. Tugendhaftes Handeln schrumpft zu einer Möglichkeit der Weltaneignung unter anderen, und sicher nicht zu einer der durchsetzungsfähigeren. Der Italowestern

---

[68] Besonders interessant ist hierbei die fast durchgehende Abwesenheit der Indianer im Italowestern. Außer den Verbrechern, die keine inneren Feinde der Kolonisation mehr darstellen, sondern umgekehrt nun deren Grundstock bilden, werden auch die Indianer als Teil einer zu bekämpfenden inneren Wildnis nicht mehr benötigt. Wenn sie überhaupt auftauchen, dann als gleichberechtigter individueller Konkurrent im ewigen Kampf um den gemeinsamen Gegner, das nackte Land (z.B. Burt Reynolds als indianischer Racheengel in Sergio Corbuccis *Un dollaro a testa* – Kopfgeld: ein Dollar, 1966), oder gar nur noch in sarkastischer Andeutung ihres wahren Schicksals als Zielscheibe für Schießübungen (in Sergio Leones *Il buono, il brutto, il cattivo* – Zwei glorreiche Halunken, 1967).

[69] Sergio Leones Mann ohne Namen z.B., gespielt von Clint Eastwood und vielleicht das Emblem des Italowestern, schenkt einer jungen gequälten Familie sein mühsam verdientes Geld und tötet im Finale deren Peiniger, obwohl er sich davon keinerlei Bezahlung mehr erhoffen kann (*Per un pugno di dollari* – Für eine Handvoll Dollar, 1964), oder ereifert sich über das sinnlose Töten im Bürgerkrieg (*Il buono, il brutto, il cattivo*), während er ansonsten recht skrupellos seine Bezahlung über das Schicksal anderer Menschen entscheiden lässt. Und Silence, der Held in Sergio Corbuccis *Il grande Silenzio* (Leichen pflastern seinen Weg, 1968), dem düstersten Film des Genres, wird gar zu einer Art endzeitlichem Messias aufgebaut (der andererseits natürlich scheitern muss).

präsentiert im Grunde die gleichen Gesinnungen und deren Protagonisten wie der amerikanische, doch lässt er die einen nicht von vornherein immer gewinnen, sondern wirft sie alle gleichsam auf einen freien Markt der Daseinsentwürfe, ganz im Sinne des laisser faire, der nach kurzer Zeit die physisch Tüchtigsten und deren Maßstäbe übriglässt.[70] So sind tugendfeste Helden und gesetzestreue Sheriffs nicht willkürlich verbannt, ihr zugrundeliegender Weltbezug ist aber auch nur eine weitere Triebkraft, die mit gleichberechtigten anderen um den Westen in Konkurrenz liegt, und deren Vertreter sich dabei zuweilen zu hilflosen Witzfiguren degradieren lassen.[71] Nicht unbedingt die Helden sind es, das unentdeckte Land selber, und damit deren Welt, ist amoralisch.

Die Ausgangssituation des von sich aus leeren Westens, von Menschen bevölkert, die zwar nach allgemeinen Prinzipien handeln mögen, seien diese im Sinne der Ostküste gut oder schlecht, welche aber erst durch individuelle Selbständigkeit in subjektiver Freiheit in der neuen Welt zur Manifestation gebracht werden können, ist dann schon wieder ein adäquaterer Tummelplatz des Ideals. Wenn die Parallelen zum griechischen Heldengedicht trotzdem nicht gerade ins Auge springen, mag das an den Künstlern und ihren individuellen Entscheidungen selber liegen. Im streng Hegelischen Sinne nämlich ist das Ergebnis doch recht dürftig,

---

[70] "Mit jener romantischen Welt, in der der Held zum Glück auch noch der beste Schütze ist, hat das Ganze nichts mehr zu tun. Statt dessen wird hier der beste Schütze zum Helden" schrieb Pauline Kael dazu (zit. nach G. Cole/P. Williams, *Clint Eastwood*, Heyne Verlag, München 1986, S. 86).

[71] Ein schönes Beispiel ist der Sheriff in *Il grande Silenzio*, der mit bewundernswertem Eifer die Barbarisierung einer sich auflösenden Sozietät mit rein rechtsstaatlichen Mitteln einzudämmen versucht und auf diese Weise um so einfacher zum hilflosen Spielball der standfesteren Gegner wird.

vom guten, gerechten, von göttlicher Tugend durchpulsten Bezwinger allen Übels ist weit und breit nichts zu sehen.

Oder vielleicht doch. Man bräuchte nur, um den inzwischen etwas ausgeleierten Topos ein weiteres Mal zu strapazieren, Hegel vom Kopf auf die Füße zu stellen. Seine Konzeption des Heroischen ging davon aus, dass die allgemeinen göttlichen Gewalten, deren Ausführende auf Erden die Heroen darstellen, im grunde gut und sittlich sind, daher auch die Heroen selber letztendlich Gutes in die Welt bringen, und damit auch die Reiche, die diese mit ihren idealen Taten hinterlassen, eine unablässig zum Guten und Gerechten sich ausdifferenzierende Ordnung einsetzen. In dieser Ansicht, dass prinzipiell alles durch die sich selber innewohnende Kraft zur steten Ausformung der wesenhaften Anlagen sich zum Guten entwickeln wird, liegt begründet, dass tugendhafte Reichsgründer auch eine entsprechende ferne tugendhafte Zivilisation heraufziehen lassen, und im Umkehrschluss, dass eine sittliche und gerechte moderne Gesellschaft, trotz aller möglichen Irrwege, auch ebensolche Ahnen an ihrem Ursprung gehabt haben müsste.

Wenn man nun nicht wie Hegel davon überzeugt ist, dass die zeitgenössische moderne Gesellschaftsform Hort von Gerechtigkeit und Humanität ist, sondern unterstellt, dass doch ein gut Teil Gewalt, Gewinnsucht und Rücksichtslosigkeit ihren in Institutionen verewigten Strukturen zugrundeliegt, dann dürften auch ihre frühen Gründer von eher barbarischem als gutwilligem Wesen gezeichnet gewesen sein.

Und wahrlich, als mythische Gründerväter zumindest der Vereinigten Staaten sind, im Gegensatz zu den amerikanischen Westernhelden, die Helden des Italowestern die selbständige Personifizierung der wirklichen gesellschaftlichen Ordnungsfaktoren, die in der starren Allgemeinheit eines Rechtssystems bereits den Osten und natürlich die Alte Welt regieren. Profitinteresse und Machtstreben, Eigennutz und Moralferne, Blutrachementalität und schiere Brutalität, im modernen Staat der Aufklärung im subjektlosen Gerüst von

Staatsverträgen, ökonomischen Sachzwängen und Nationali-
täten entlastend aufbewahrt, sind im Italowestern noch in
selbständiger Verkörperung erkennbar und wirksam.[72] Sie sind
die in sich wesentlichen und in diesem Sinne vernünftigen
göttlichen Kräfte des Weltlaufs, die im Widerstreit der
Antagonisten personifiziert zur Austragung ihrer Konflikte
kommen; sie sind das Pathos des italienischen Westernhelden.
Die einzelgängerischen Helden als auch die Nebenfiguren,
welche hingegen häufig in verschworenen Kleinverbänden
auftreten, sind also zumindest in ihrer Vereinigung und
Durchdringung von inkorporierten Interessen des Ostens mit
eigenem Willen, gleichsam als Resultante von allgemeinen
weltbeherrschenden Mächten und spontanen individuellen
Konstanten, dem Ideal sehr gewogen.[73] In dieser Sichtweise

---

[72] Auch wenn nicht immer sofort ersichtlich ist, dass z.B. ein
Großteil seiner menschlichen Regungen auf reine Geldgier sich
gründet. So erschießt der Mann ohne Namen in *Per un pugno di
dollari* nicht etwa vier Menschen, weil sie die Frechheit besessen
haben, sein Pferd zu beleidigen, sondern um den zusehenden
Herrschern des Städtchens seine Fähigkeiten demonstrativ
anzudienen. Und die zum Teil rührende Männerfreundschaft
zwischen dem Mann ohne Namen und Tuco (Eli Wallach) in *Il
buono, il brutto, il cattivo* hält sich allein aufrecht durch die
Tatsache, dass beide jeweils eines von zwei Wissensfragmenten
besitzen, die nur in Kombination zum Versteck der gestohlenen
Armeekasse führen.
[73] Dies setzt sich fort auch auf der mythologisch-ikonographischen
Ebene des Italowestern. Trotz der Fülle der Produkte gibt es
erstaunlich wenige verschiedene Protagonisten; im Gegensatz zum
amerikanischen Western, der entweder für jeden Film einen eigenen
Helden entwirft (mit Ausnahme der frühen Serials), oder höchstens
konkret definierte historische Personen wie Wyatt Earp, Wild Bill
Hickock oder Doc Holliday – selbstverständlich in mythischer
Überhöhung – über mehrere Filme hinweg auftauchen lässt. Der
Italowestern dagegen bedient sich gemeinhin fiktiver Serienhelden
wie Django, dem Mann ohne Namen, Ringo, Sartana etc., die
durchaus von unterschiedlichen Schauspielern dargestellt werden

natürlich einem Ideal, das nicht als sinnliche Darstellung der Idee als Schönheit oder Sittlichkeit gefasst werden kann, sondern einzig als Manifestation der Idee der historischen Wahrheit. Und die im Werk durchgeführte Versöhnung der Antagonismen wäre statt einer kleinen Harmonie auf dem langen Weg zur großen nicht viel mehr als eine weitere Darlegung der Überlegenheit gewisser Prinzipien auf dem Weg zur Weltherrschaft. Ob man diese Heroen des Westens dann überhaupt noch Helden nennen mag, sei dahingestellt. Vor allem jedoch sind sie in ihrer grotesken Überzeichnung und nicht zuletzt ihrem zynischen Humor die Protagonisten einer Distanzierung und Bewusstwerdung und damit die Stichwortgeber einer möglichen Befreiung.

---

können, oder er besetzt denselben Schauspieler in derselben Figur für unterschiedliche Rollen, wie z.B. Lee van Cleef als alternder Gentleman-Kopfgeldjäger je nach Film mal Sentenza (*Il buono, il brutto, il cattivo*), mal Col. Mortimer (*Per qualche dollaro in più – Für ein paar Dollar mehr*, 1965) und mal Sabata heißt (in der kurzen Sabata-Reihe von Frank Kramer, um 1970) – und dessen Persona darüber hinaus von Jack Palance als Ricciolo in Corbuccis *Il mercenario* (*Mercenario, der Gefürchtete*, 1968) übernommen wird. Wo der US-Western seine vielen Protagonisten mit gleichsam kasuistischer Vereinzelung in ihrer konkreten ad-hoc-Funktion isoliert, ihnen die Möglichkeit nimmt, ihren Charakter in multiplen Anläufen auszuformulieren und zu verallgemeinern und damit nur seine starre Ideologie als abstraktes einigendes Band zulässt, durchzieht der italienische die Einzelwerke mit wenigen unverwechselbaren Figuren, die gerade durch ihre Persistenz und Fiktion ihr Dasein als Sammelpunkt bestimmter unverwechselbarer allgemeiner Kräfte nahelegen, und dennoch, wie oben beschrieben, in konkreter Mannigfaltigkeit sich materialisieren. Über den US-Western hinaus, der vornehmlich im Dramatischen verhaftet bleibt, entwickelt der Italowestern durch seine Dramen hindurch ein zutiefst episches Moment.

Überwachungsfilme (Fragment, 2002)

Mit zuletzt *The Matrix* vervollständigte sich eine Reihe von Filmen der vergangenen Jahre – *Mann beißt Hund, The Game, Dark City, Wag the Dog, The Spanish Prisoner (Der unsichtbare Feind), The Truman Show, Enemy of the State (Staatsfeind Nr. 1)* und *EDtv* – die, so unterschiedlich ihre Glieder – von Politthriller bis Fernsehsatire – im einzelnen sein mögen, eine multiperspektivische Darstellung eines jener kollektiven Bewusstseinskomplexe bietet, die die inneren Vorstellungen, äußeren Bilder und alltäglichen Handlungsmuster innerhalb der spätkapitalistischen Mediengesellschaften zusammenfassen (und sie ebenfalls, in der mythischen Ausformulierung und ikonographischen Kanonisierung, selber hervorbringen bzw. stabilisieren).[74]

---

[74] Der Ausdruck des kollektiven Bewusstseinskomplexes meint natürlich nicht im geringsten, dass das darunter Behandelte sich nur in Gedanken abspielte und somit eine Sache allein für die Psychologie wäre. Der im Gegenteil zugleich subjektive und objektive Charakter dieser Komplexe, der es überhaupt erst erlaubt, ohne Rückgriff auf Bewusstseinsmystifikationen und Volksseelen aller Art von einem kollektiven Bewusstsein zu sprechen, liegt vielmehr darin, dass einerseits natürlich die Reflexion solcher Inhalte (im doppelten Sinne des Durchdenkens wie des Wiederspiegelns) im Kopf des einzelnen Individuums stattfindet und also durch dessen persönliche Subjektivität geformt ist, andererseits aber das Bewusstsein immer Bewusstsein von etwas ist, also in der physischen Realität anhebt und daher selten anderes sein kann als eine irgend geartete Verarbeitung wirklicher, objektiver Verhältnisse. Weiterhin wäre die Erörterung eines individuellen Bewusstseins für die Allgemeinheit eher unerheblich, wenn es nicht über das Verhalten seines Besitzers auf die Außenwelt zurückwirkte, d.h. wenn es über das Subjekt hinaus folgenlos wäre. Und darüber hinaus entsteht ein echtes Kollektiv solcher individuellen Gedanken noch nicht, wenn es viele von ihnen sind, sondern dann erst, wenn diese Einzelnen sich untereinander verständigen und ihre Ansichten auf irgendeine Weise überindividuell, d.h. irgendwo in der

Die Rede ist von jener Verschwörungsparanoia, die hinter der Fassade eines jeden Zeitgenossen eine feindliche oder zumindest trügerische Macht am Werke sieht, und daran angeschlossen von einem medialen Verfolgungswahn, der jeden eigenen Schritt als hundertäugig überwacht beargwöhnen lässt: Zusammen ergeben sie ein relativ geschlossenes Modell des unbestimmten Unbehagens oder auch der nackten Angst, worin das einzelne Individuum sich mit dem selbst die Sphäre der privatesten Handlungen und persönlichsten Beziehungen durchdringenden und verformenden Zugriff einer amorphen Übermacht konfrontiert sieht, doch umgekehrt die eigene erzwungene Transparenz hinsichtlich des gesichtslosen großen Gegenübers mit nichts Vergleichbarem entlohnt wird, sondern im Gegenteil das Individuum nur einen dunklen und undurchsichtigen Vorhang vor sich erahnt, der mit einem Feuerwerk bunter Bilder, freundlicher Gesichter und bemalter Sperrholzplatten sich als solcher mitsamt dem mysteriösen Dahinter zu verschleiern versucht. Gewissermaßen haben wir es hier mit einem neuen Existentialismus zu tun, worin die vom wahren Kern des Daseins ablenkende Essentialisierung durch eingefahrene Begriffe und Handlungen des Alltagsbetriebs, die es aufzudecken und zu überwinden gilt, nicht wie einst in stumm vor sich hin seiender Ruhe ihre Schleier webt, sondern im Gegenteil es auf uns abgesehen hat und uns in letzter Konsequenz nach unserem Seelenfrieden, unserer Selbstbestimmung oder auch unserem Leib und Leben trachtet. Der Ekel ist zur Todesangst geworden.

Nun sind die angesprochenen Filme weder als eine lineare Abhandlung zu verstehen, die von Film zu Film

---

außerpsychischen Realität, sich manifestieren: Je mehr Individuen ähnliche Überzeugungen hegen und sie laut vorbringen, so verquer sie auch sein mögen, desto massiver wird aus einer subjektiven Marotte eine realitätschaffende und damit objektive Interpretation der Welt.

diskursiv und mit anwachsender Erkenntnis fortschreite, noch als simple Ansammlung von Beispielen, denen man ständig neue hinzufügen könnte wie etwa kürzlich *The Faculty* mit seiner autoritätskritischen Revision der paranoischen Bodysnatcher-Motivik. Vielmehr ordnen sie sich als einzelne, selber emblematische Elemente zu einer Konstellation, die in der zumindest ideellen Gleichzeitigkeit der Einzelteile und deren Zusammenspiel die Idee einer bestimmten psychosozialen Befindlichkeit ausbildet. Ist jeder dieser Filme für sich bereits ein – mehr oder weniger – beredter Zentralisationspunkt individueller Bewusstseinsinhalte, gerade welche durch seine öffentliche Rezeption zu kollektiven werden und einen Hof überindividueller Bedeutung um ihn herum ausstrahlen, so treten sie in ihrer Anordnung untereinander in ein Beziehungsgeflecht, das durch Überlagerung, Verstärkung, Kontrastierung, Kommentierung und gegenseitige Verdeutlichung der Elemente umso beredter wird.

Das heißt nicht, dass eine solche Konstellation einzelner Filme wirklich abschließbar wäre – gerade weil sie sich nicht chronologisch-linear entwickelt, sondern nach und nach an verschiedenen Ecken ihrer virtuellen, dem Muster der dem realen kollektiven Dasein folgenden Gestalt sich aufbaut und daher jederzeit an beliebiger Stelle ergänzt werden kann –, noch heißt es, dass thematisch zugehörige Filme wie *Conspiracy Theory (Fletchers Visionen)* oder *The Net* ausgeschlossen wären. Sie alle haben ebenfalls ihren Platz im Ideengefüge des kinematographischen Bewusstseins, doch sind die meisten lichtschwächere Objekte, die weniger ausdrücklich ihren Platz erläutern und daher neben den gehaltvolleren leicht verblassen: Die Struktur der Leitgestirne gibt den Gehalt vor, an den andere Filme sich näher oder entfernter anlagern.

Auf der einen Seite haben wir den Komplex der Mediensatiren mit *Mann beißt Hund*, *Truman Show* und *EDtv*, die alle das Schicksal des Individuums unter permanenter Beobachtung durch Kameras behandeln. Noch am weitesten vom Zentrum entfernt steht *Mann beißt Hund* (von Rémy Belvaux, André Bonzel und Benoît Poelvoorde), eine fiktionale Dokumentation, worin ein kleines Filmteam einem Serienmörder aus Passion (Poelvoorde) bei der Arbeit zuschauen darf und ihn Schritt und Tritt verfolgt.[75] In diesem Fall ist die Machtverteilung bzw. die Frage, wer von wem eingespannt wird, noch nicht so abwechselnd eindeutig verteilt wie im späteren *EDtv*; hier scheint es einesteils der Serienmörder Ben zu sein, dem seine Medienpräsenz – als sowohl ungerührter Mörder wie braves Söhnchen, von dem die Mutter nur Herziges zu berichten weiß –, sowie das erwartete so geifernde wie gerührte Interesse der Zuschauer dazu verhelfen, seinen sadistischen Gelüsten so lakonisch wie straflos nachgehen zu können, und deren Befriedigung durch das anteilnehmende Publikum eine zusätzliche narzisstische Würze bekommt. Eine Anteilnahme, die so weit geht, dass die Mitglieder des Teams, zu denen Ben nach und nach freundschaftliche Bande geknüpft hat, schließlich Gefallen auch an seinem Hobby finden, ihm beim Töten zur Hand gehen und gutgelaunt mitvergewaltigen.

Diese partielle Exkulpation durch Verteilung von Schuld bedeutet umgekehrt eine Einladung an die (fiktionalen) Filmmacher, unter dem möglichen Verweis auf Authentizität und Einfühlung in ihr Objekt und ebenso folgenlos der Orgie sich anzuschließen; mit einem Medienhelden bzw. dem vermeintlichen öffentlichen Interesse als Strohmann kann, anders als in früheren Jahrhunderten, der Botschafter verpönten Spaß haben, ohne für seine schlechten Nachrichten belangt zu werden. Der Killer als Filmstar erhält gleichsam diplomatische Immunität, und die Filmmacher bekommen

---

[75] Natürlich ist *Mann beißt Hund*, in unserem Kontext ein Ausläufer, bzw. weiter geblickt ein Bindeglied zwischen dem Fernsehdrama- und dem Serienmörder-Subgenre, dem wir jedoch an diesem Ort nicht weiter nachgehen können. Überflüssig zu sagen, dass auch im kulturellen Ausdruck einer jeweiligen Gesellschaft alles irgendwie mit allem zusammenhängt.

einen aufregenden Stoff: Diese Form der Lebensdokumentation bildet noch eine Symbiose, allerdings nur bis kurz vor Schluss, denn auch und gerade im ungezügelten Wettbewerb der Mediengesellschaft muss immer damit gerechnet werden, dass kurz vor dem Ziel der Igel, hier z.b. ein anderer Sender, schon da ist. Unser Serienkiller wird mitsamt dem Filmteam überrascht und erschossen, und zwar von dem Protagonisten eines ähnlich besetzten, aber wohl konkurrierenden Teams: So souverän unser Star und seine ihn dokumentierenden Claqeure mit ihrem Medium umgingen, am Ende hat es doch wieder gesiegt, und zwar über alle seine lokal und scheinbar auf eigene Rechnung handelnden Personen, die nun für wiederum andere zum aufregenden Bild geworden sind.

Was für sie wie für ihre eigenen Opfer bedeutet: sie sterben. Darin steckt eine industrialisierte Wiedererweckung der alten existentialistischen Figur des *Peeping Tom (Augen der Angst)*, der mit seiner Kamera im Dunkel des 1960er London die sich verzerrenden Gesichter seiner Bekanntschaften filmte, während er ihnen den spitzen Fuß seines Stativs in den Hals schob. In der Jugend vom ständig filmenden Vater zu Tränen terrorisiert, drehte er den Spieß um und ließ nun selber seinen objektivierenden Blick auf alle Subjekte fallen, die sich unter ihm zu winden versprachen.

Diese Art der Verdinglichung im wahrsten Wortsinn hat in der fortgeschrittenen Medienindustrie von *Mann beißt Hund* ihren Charakter geändert, heutzutage ist es nicht mehr der Volksfeind, der als einsamer Wolf durch die Stadt streicht auf der Suche nach Unschuldigen, die sich zu einem Ornament des Schreckens festnageln lassen. Inzwischen sind es viele Peeping Toms, die ihre persönliche Obsession als verkaufbare Arbeitskraft legalisiert haben und nun als freundlich-sachliche Angestellte umherstreifen, immer auf der Jagd nach frischem Fleisch und immer auf der Hut, nicht selber ins Visier zu geraten. Diese mediale Verdinglichungsmaschinerie, die es nicht nur hingenommen hat, sondern deren vitale Funktionen davon abhängen, dass immer einer dran glauben muss, kann ihre Elemente nicht mehr wie einst, als Obsessionen noch Privatsache und damit moralischen Kategorien ausgesetzt waren, in gute Opfer, böse Täter und neutrale Berichterstatter aufteilen; übriggeblieben ist die funktionale Unterscheidung, auf welcher Seite des Objektivs sie stehen.

In dieser Hinsicht ist *Mann beißt Hund* nicht so sehr eine Satire auf das Reality-TV, als die er seinerzeit vom leutseligen Feuilleton gern missverstanden wurde, sondern vielmehr auf eine Realität im ganzen, deren Charakter im Krawallfernsehen halt sehr anschaulich zum Ausdruck kommt. Es ist die Logik der sogenannten Globalisierung, den ungehemmten Kapitalismus überall dorthin einsickern zu lassen, wo er noch nicht war, als guter alter Imperialismus mit menschelndem Antlitz, und also ist es einer ihrer Wesenszüge, dass ihr Grenzen zum Opfer fallen, ökonomische, nationale, kontinentale, aber auch solche des Anstands hinsichtlich der Ausbeutung menschlicher Kontingenzen, die einst von – im Neusprech – "Korsetts" wie der Solidarität, des guten Geschmacks oder einfach des Mitleidens leidlich geschützt waren. Und in Zeiten, da nüchterne Draufsicht als veraltet bzw. verkrustete Denkschablone diffamiert wird und einzig die Perspektive den Ausschlag gibt, d.h. da die Belegschaft anderer Bauunternehmen beklagt, dass ihnen durch die Holzmannrettung Aufträge flöten gehen, oder da die öffentliche Ereiferung zu Vodafone vs. Mannesmann entwaffnend eindeutig national aufgeteilt ist, oder da zivile Busse als Militärfahrzeuge aufblinken, da darf auch Serienmörder Ben den Mörder seiner Freundin als perverses Monster verfluchen. Wer nur in der richtigen Perspektive steht, nämlich hinter dem eigenen Helden, dem erscheint alles normal und durchaus geboten, was dessen Wohlsein zugute kommt und notfalls verhindert, dass die anderen einem ungerechterweise das antun, was man ihnen gerade selber angedeihen zu lassen im Begriffe ist. Ähnlich wie die Standortdebatte das Ende aller autonomen politischen Theorie, so ist die Beziehung zwischen

Ben, Filmteam und geiferndem Zuschauer eine klassische Symbiose von Angebot und Nachfrage, und jäh unterbrochen wird sie noch in ihrer Blüte, bevor die eine oder andere Seite einen Machtüberschuss bekommt.

Nicht so in *EDtv*, wo dieser Status höchstens den Ausgangspunkt jenes ungleichen Machtgefüges markiert, das den dramatischen Bogen bildet. Eigentlich erstaunlich, dass dieser Film erst so spät kam, nach Jahren hitziger Debatten über Fiktion und Wahrheit televisueller Realität und darüber, bis zu welchem Ausmaß es geboten ist, dem Publikum die Fleischbrocken hinzuwerfen, die es offensichtlich verlangt.

Der Film ist weder die erste Mediensatire noch die beste, und wirklich original ist er auch nicht, basiert er doch auf der kleinen frankokanadischen Produktion *Louis XIX: Roi des Ondes* aus dem Jahr 1994 (Regie: Michel Poulette). Ein schlingernder Sender stellt den Alltagsloser Ed Pekurny (Matthew McConaughy) als sich selber an, der fortan 24 Stunden am Tag von einem Kamerateam begleitet wird und sein Leben spielen muss. Natürlich wird er ohne Umschweife zum Star, der Job in der Videothek ist bald nebensächlich, und Ed führt ein glückliches und bejubeltes Leben.

Doch wie zu beweisen war, schlägt die Segnung durch die Sphäre der medialen Öffentlichkeit, die sich unerbittlich um Eds Privatleben und jeden seiner Handgriffe geschlossen hat, nach und nach um und erweist sich als faustischer Pakt, der, anstatt Eds Privatleben zu veredeln, es vor seinen Augen auflöst, indem auf alles, was er in seinen unmittelbaren körperlichen Umkreis treten lässt, plötzlich der Scheinwerfer-strahl des Weltinteresses fällt. Dass Ed sich nun nicht mehr morgens am Sack kratzen darf mag noch wegzustecken sein, die Entzweiung mit seinem Bruder, nur wegen eines unange-kündigten und dann für alle ziemlich peinlichen Besuches, jedoch nicht mehr, und noch weniger die Trennung von seiner neuen Freundin (Jenna Elfman), welche die allgegenwärtigen Kameras so wenig ertragen kann wie die Tatsache, dass die

Boulevardleserschaft über sie abstimmt und Ed auffordert, diese Schlampe, d.h. sie, fallenzulassen.

Letzten Endes muss selbst Ed erfahren, dass die Krönung zum Volkshelden ihm mehr Zwänge als persönliche Freiheit verschafft, als er nämlich genug hat, seinen Handel aufkündigen will und statt seines Restgehalts tieferen Einblick in die pikante Dialektik seines Pakts erhält: Auf höchster Ebene – und wie gewohnt vor den Augen seiner Fans – wird ihm zu verstehen gegeben, dass er vertraglich gebunden sei und die Vorgabe, zu tun wozu er immer Lust hat, noch lange nicht bedeutet, dass er tun und lassen darf was er will.

Doch ist Ed nur vertraglich, nicht physisch an seine Herrn gebunden, was ihm die persönliche Freiheit zu handeln lässt. Und mehr: Den Mächtigen ist nämlich entgangen, dass das Ausmaß an öffentlichem Einfluss, das man im Austausch für eine Seele hingeblättert hat, dem so Entseelten gerade die Macht an die Hand gibt, diese seine Seele zurückzufordern. So versucht Ed, seine Fangemeinde gegen seine Schöpfer aufzuwiegeln und fordert sie auf, den Fluch radikaler Öffentlichkeit auch an ihnen zu exerzieren: Man teile ihm jedes schlüpfrige Detail mit, das über seine Herren in Erfahrung zu bringen ist, und er werde die einprägsamsten lauthals zum besten geben.

Mit dieser dramaturgischen Volte, gleichsam die Blickrichtung der allgegenwärtigen Televisoren umzukehren und damit den vormals unsichtbaren Großen Bruder vor sich herzutreiben, entwarf Regisseur Ron Howard eine über die so billige wie hausbackene Klage über die Inhumanität des modernen Fernsehens hinausgehende Reflexion über dessen unparteiische, selbstregulierende Allmacht, die, obwohl sie sich zu einem gefräßigen Monstrum ausgewachsen hat, niemandem wirklich zu Diensten ist als ihren eigenen Daseinskonstituenzien: dem Zuspruch des Publikums und der daran anhängigen Profitrate des Unternehmens, ob es den ihm exekutiv Dienenden nun im einzelnen gefallen mag oder nicht.

EDtv ist im Gefüge der TV-Satiren der Neunziger das Missing Link zwischen *Mann beißt Hund* und der *Truman Show*: Die mediale Vergrößerung sowie Vermarktung eines Lebenslaufes war in beiden vorgebildet, und *EDtv* fügte sie zusammen zu einem Diskurs über das Wesen des Fernsehens: Er nahm von jenem das bewusste Einlassen mit der durchgängigen öffentlichen Begleitung, von diesem die befreiende Aushebelung der Apparatur, der Ed sich nur durch seine unangekratzte Spontaneität erwehren kann. Die Beobachtungsmaschinerie führt noch ein Eigenleben, dem Beobachter und Objekt gleichermaßen ausgesetzt sind; noch zählt nur die innere Logik des Systems, das beide Seiten in Anspruch nehmen können, sobald es die Maschine am Laufen hält.

Nicht so in der *Truman Show*, die außer der ständigen Beobachtung und des guten, da befreienden Endes nicht mehr viel mit Eds Sendung zu tun hat.

Verblendungszusammenhang: Reloaded (2002)[76]

Über das Kunstwerk im Zeitalter seiner digitalen
Reproduzierbarkeit

Wer erinnert sich nicht mit Schaudern an die dunkel-
ahnungsvollen Augenblicke der Kindheit, als plötzlich der
Argwohn auf einen hereinstürzte, ob die ganze Welt um einen
herum, in der man ansonsten im hellichten Alltag so sorgenfrei
herumspielte, nicht ein einziger großer Lügenbau sei; ob alle
vertrauten Zimmer, Häuser, Straßen, Städte, Länder oder
Himmelskörper nicht einfach für einen selber zusammen-
gezimmerte Kulissen waren und die anderen vermeintlichen
Weltregionen, wo man noch nicht gewesen war, nichts weiter
als farbige Flecken im eigens gedruckten Atlas; ob nicht jede
Ecke, in die man sich verkriechen zu können meinte, ein
verstecktes Kuckloch bereithielt für jene, die sie eigens erbaut
hatten; und ob die Menschen die man kannte nicht alle
Agenten eines lebenslangen Betrugsspiels waren, Vertrautheit
vortäuschten und doch von einem mächtigen verborgenen
Dämon insgeheim dazu abgestellt, einen durch jeden Tag des
Lebens zu gängeln, sei's um einen zu prüfen, zu beobachten,
zu ärgern oder auch nur zur Belustigung einiger homerisch
lachender Götter.

Doch irgendwann wird man groß, man lebt sich im
Alltagsbetrieb fest und lässt solche Seitenblicke ins
Abgründige hinter sich. Man baut ein Haus, pflanzt einen
Baum, gründet eine Familie und ahnt nichts Böses mehr... bis
man, ganz selten, eines Tages auf den misstrauischen Blick
des Kindes, das noch keinem Realitätsprinzip verpflichtet ist,
zurückgeworfen wird, durch einen kleinen Spalt in der Kulisse

---

[76] (In eigener Sache, 2018: Dieser Text entstand im Jahr 2002, als
der zweite Teil von *Matrix* erst noch in Produktion war. Dass in den
folgenden Jahren jeder dritte Hans und Franz den Ausdruck
"reloaded" in seine Überschriften schreiben sollte, konnte ich zu der
Zeit noch nicht ahnen.)

vor sich einen Abgrund sich auftun sieht, staunt und sich Gedanken macht, ob wirklich alles so ist, wie man gern zu glauben sich angewöhnt hat. Wie an jenem Tag im Leben des Truman Burbank, von dem noch die Rede sein wird, da ihm unter heiterem Himmel ein Studioscheinwerfer wie Newtons Apfel vor die Füße fällt und einen Prozess des Zweifelns in Gang setzt, der mit der Umwälzung seines gesamten bisherigen Weltbildes nicht enden wird.

Ein solcher Schock des Erkennens, der den derart Überfallenen das Verhältnis von Schein und Sein ganz neu überdenken lässt, ist schon mehrmals eingeschlagen in der Geschichte des menschlichen Geistes und Lebens, vom griechischen Anbeginn der westlichen Philosophie, als den Leuten dämmerte, dass es kein Sonnengott ist, der jeden Tag die Sonne übers Firmament fährt, sondern ein kosmisches Ordnungsprinzip; über die Kirchenväter, die in dem Gedanken erschauerten, dass ebendieser in der Welt aufgespürte Logos eine allgegenwärtige persönliche Macht verkörpert, die erhebliche moralische Anforderungen an den Einzelnen stellt und bei Zuwiderhandlung nicht mit Heldentod, aber ewiger Verdammnis droht; weiter über die Kopernikanische Wende in der Kosmologie, die Kantische Vernunftkritik oder die Allgemeine Relativitätstheorie, worin Einstein vorrechnete, dass die bis dahin gültige Newtonische Vorstellung von Raum und Zeit als unveränderlich-neutrale Arena aller physikalischen Prozesse zugunsten eines durch gravitative Mächte – lokal unmerklich – dehn- und verzerrbaren Gespinstes aufzugeben war.

Bis schließlich hin zum ganzen Komplex der kritischen Theorie der Gesellschaft von Marx bis zur Frankfurter Schule, die alles gesellschaftliche Denken und Handeln als von der sich in ihrer Kontingenz verschleiernden Klassengesellschaft hervorgebrachtes, notwendig falsches Bewusstsein entlarvte, welches die ihr Unterworfenen darüber hinwegtäuscht, dass ihr jeweiliges Dasein und vor allem Leiden keineswegs gottgewollt oder ein Naturgesetz, sondern veränderbar sowie in dringendstem Maße zu verändern sind. In solchen Zeiten, da neuerworbene Kenntnisse oder Überzeugungen mit der überlieferten Konstruktion der Außenwelt nicht länger ineinanderpassen wollen, kriecht der philosophische Eros in alle Ecken und Winkel des eingefahrenen Interpretationsrahmens, bis er dahinter einen ganz neuen aufblitzen sieht, der die disparaten, im Fortgang des Geistes sich immer weiter verkantenden Wirklichkeitsfragmente zu einer neuen, durchaus gegensätzlichen Anordnung formiert, worin alle sich verschärfenden Widersprüche der alten geglättet bzw. aufgehoben sind. In diesen Momenten oder Phasen des fundamentalen Paradigmenwechsels fällt vor den Augen der Staunenden die bisherige eingelebte Welt wie ein bunter Vorhang in sich zusammen und gibt hinter sich den Blick frei auf eine klarere, von grundauf andere Sicht des Daseins, begleitet von dem so schön wie schrecklich erlebten Rausch, tieferer Wahrheit beizuwohnen.

Heutzutage jedoch, da derart erschütternde Ideen weichgekautes Populargut geworden oder auch als Giftmüll erfolgreich entsorgt sind, sollte man derartige Überraschungen nicht mehr erwarten. Schließlich leben wir, so der Volksmund, in der Postmoderne und im Posthistoire, nach dem Ende der Geschichte, worin alle möglichen kategorialen Varianten des Daseins und Wissens leidlich durchgespielt sind und alle Entwicklung höchstens eine Bastelei mit dem bereits Vorhandenen bzw. dort Angelegten bedeuten kann, als Erweiterung, Intensivierung, Differenzierung oder neue Tarifverträge. Wer in diesen Zeiten der historischen Abgeklärtheit darauf anhebt, dass unser Lebenszusammenhang vielleicht gar nicht so ist oder sein müsste, wie er uns im Alltag erscheint, sondern ganz anders sein könnte, dass statt der offensichtlichen vielmehr weithin unbenannte Kräfte, Ordnungsmechanismen und Interessen hinter seiner Formation stecken könnten, der wird gern in die Nähe von Verschwörungsparanoikern oder Erich von Dänikens gerückt, ohne dabei zumindest deren unbestrittenen Forschungseifer positiv angerechnet zu bekommen. Die Postulierung eines irgend gearteten Verblendungszusammenhangs, wie Horkheimer und Adorno es nannten, eines in der bestehenden Organisation des materiellen Daseins wurzelnden ideologischen Trugbildpanoramas, das die in ihm verfangenen Individuen über ihre gesellschaftliche Entfremdung sowie ihre wahren Interessen irreführt, ist massiv im Kurs gefallen, seit die angebotenen Alternativen zum Spätkapitalismus die Segel gestreckt haben; und was nach einem Konkurrenzkampf übrig bleibt, habe stets recht gehabt, zieht sich der historische Sieger an den eigenen Haaren aus dem Sumpf.

Und doch, auf diesem glorreichen Höhepunkt des Kapitalismus, da inzwischen selbst dessen Kritiker überzeugt sind, dass er eine unhinterfragbare Naturgewalt darstellt, die sich höchstens zähmen und striegeln lässt, während er unter US-amerikanischer Führung sowie mit der flatternden Trikolore der Globalisierung auf der Standarte im Begriffe ist, auch die letzten Resistenzen abzuschütteln und dann gnädig aufzukaufen, tut sich mitunter Erstaunliches, wenn nicht gelinde Revolutionäres; und das nicht etwa an der aufmüpfigen Peripherie, sondern mitten drin, im Herzen der Bestie, in der Kulturindustrie. Genauer: im Hollywoodkino, gerade welches von Horkheimer und Adorno als machtvollstes Agens der Ideologie und somit Grundsicherung der modernen dezentralisierten Herrschaft analysiert wurde, insofern durch seine industriell gefertigte Erzählweise und repetitive Schockästhetik[77] das Individuum auch in vermeintlich arbeitsfernen Stunden mit freigewählter Freizeitunterhaltung an den Rhythmus der durchrationalisierten Arbeitswelt gewöhnt wird, ja es sogar seinen eigenen Sinnesapparat an diese angleicht

---

[77] Womit das fortdauernde Abwechseln und Aufeinanderprallen der bewegten Bilder gemeint war, und nicht etwa das jüngere Problem der Gewaltdarstellung, das immer wieder Objekt parteienübergreifender Ächtung bzw. Zensur ist.

und seinen Platz in ihr als ihm wesensentsprechend oder gar lustvoll zu empfinden beginnt.

Kann in der Hochburg der Geldgier, ausgerechnet im Inneren der volksverdummenden Illusionsmaschine Mainstreamkino aufklärerische Vernunft Fuß fassen dürfen? Eine solche Vorstellung dürfte nur jene Intransigenten erschüttern, die seit langer Zeit schon das Vokabular der Dialektik der Aufklärung wie ein Schwert schwingen und darüber deren selber dialektischen Gehalt vergessen haben; schließlich war die Analyse der Massenkunstproduktion durch Horkheimer und Adorno nicht nur außerordentlich scharfsinnig und im tiefen Wortsinne welterschütternd, sondern überdies eine indirekte Antwort auf die Euphorie, die der Filmkunst von philosophischen Freunden wie Kracauer oder Benjamin entgegengebracht wurde. Im Umkreis des Aufsatzes über das Kunstwerk im Zeitalter seiner technischen Reproduzierbarkeit hatte gerade Walter Benjamin den Film als diejenige Entwicklungsstufe der Kunst begrüßt, die, selber aus der Technisierung geboren, als einzige der fortschreitenden Industrialisierung von Gesellschaft sowie Bewusstsein die Stirn bieten konnte. Der Film, ohne eine weit zurückreichende ästhetische Tradition, deren originale Substanz in der technischen Multiplikation und merkantilen Verwertung zerrieben zu werden drohte, übte im Gegenteil die von Auflösung in der reagierenden Masse bedrängten Subjekte in die Apperzeptions- und Reaktionsweisen der modernen Industriegesellschaft ein und setzte sie damit in den Stand, statt sich von dieser auf physischer wie mentaler Ebene kollektivieren und beherrschen zu lassen, sie zu durchschauen und damit eines Tage meistern oder gar in eigener Regie übernehmen und nach menschenwürdigen Maßstäben einrichten zu können. Die Kunst mochte sich einmal mehr als schlauer denn ihre heteronomen Usurpatoren erweisen und im Zustande der Eingemeindung ihre subversive Saat entfalten – so jedenfalls hoffte Benjamin in einem ans Manische grenzenden Zuversichtsausbruch, der sich bekanntermaßen als in dieser Verve unbegründet herausstellte; bis auf ein paar Ausnahmen[78] fuhr sich die Filmkunst in der Folgezeit in gefälliger Konventionalisierung fest, die, auch wenn sie zum Teil Großes hervorbrachte, höchstens punktuell und missachtet über sich oder gar ihre industrielle Gegenwelt hinauswies. Die Diagnose Horkheimers und Adornos, dass Massenkunst im Kapitalismus nur passive, wenn nicht gar aktive Affirmation der Zustände generiere, blieb zumindest im Rahmen der kritischen Gesellschaftstheorie anerkannte Lehrmeinung.[79]

Aber der Reihe nach. In den späteren Neunziger Jahren entstand eine Reihe von Filmen –*The Usual Suspects*, *Dark City*, *The Game*, *Wag The Dog*, *The Spanish Prisoner*, *The 13th Floor*, *The Truman Show*, *eXistenZ*, *The Matrix* –, die, so unterschiedlich ihre Glieder – von Thriller über Fernsehsatire bis Science Fiction – und so oberflächlich zufällig ihre Massierung sein mögen, einen quasi diskursiven Korpus über den Großraum umfassende Verschwörung, omnipräsente Verfolgung und vor allem Realität des Scheins entstehen ließen. In der einer Massenkunst wie der Kinematographie

---

[78] Speziell natürlich im Kino der Sechziger und Siebziger, das die genannten Denker noch lange nicht kennen konnten bzw., wie im Falle Benjamins, schon lange nicht mehr erlebten. Doch auch solche Anflüge von Rebellion sollten ihre ökonomische wie ästhetische Überwindung erfahren.

[79] Dass z.B. im Umkreis des exilierten Instituts für Sozialforschung konkrete Bestrebungen existierten, Filme über alltäglichen Antisemitismus und ähnliche Wurzeln des Nazitums herzustellen (vgl. *Crossfire*, 1947, von Edward Dmytryk), ist davon unberührt – es waren Versuche, in quasi bürgerlicher Ästhetik das öffentliche Bewusstsein wenigstens auf die Ebene der bürgerlichen Ideale von Freiheit und Gleichheit zu heben, die noch nicht mal auf ihrem natürlichen Boden des Kapitalismus annähernd entwickelt waren (und sind).

sehr eigenen Verflechtung von Produktion und Rezeption bildete sich die heterogene Darstellung eines jener kollektiven Bewusstseinskomplexe heraus, die thematisch umrissene innere Vorstellungen, äußere Bilder und alltägliche Handlungsmuster zusammenfassen – und sie gleichzeitig, in der mythischen Ausformulierung sowie ikonographischen Kanonisierung, selber hervorbringen bzw. stabilisieren.[80] Ältere massenkompatible Bündelungen dieser konkreten Kollektivbilder sind etwa der Vietnamkriegsfilm, der deutsche Heimatfilm oder der Mafiafilm (und gewisser-maßen jedes Genre), speziell auch inhaltlich uneinheitlichere, doch gestalterisch-ideell zusammenhängende Bewegungen wie Neorealismus und Nouvelle Vague, die jedoch in ihrer thematischen wie ikonographischen Beschränkung gleicher-maßen in ihrer Definitionsmacht begrenzt waren.

Nicht so der jüngere, eruptiv aufgetretene Film-komplex, den man so kurz nach dem offiziellen Endsieg der westlichen Wirtschafts- und Lebensform nicht unbedingt erwartet hätte. Quer durch die Genres weckt und schärft er munter die Aufmerksamkeit für die bloße Möglichkeit, dass die äußere Wirklichkeit sich grundlegend davon unterscheiden

---

[80] Der Ausdruck des kollektiven Bewusstseinskomplexes meint natürlich nicht im geringsten, dass das darunter Behandelte sich nur in Gedanken abspiele und somit eine Sache allein für die Psychologie sei; im Gegenteil ist es der subjektive und zugleich objektive Charakter dieser Komplexe, der es überhaupt erst erlaubt, ohne Rückgriff auf mystifizierende Volksseelen aller Art von einem kollektiven Bewusstsein zu sprechen. Ein echtes Kollektiv individueller Gedanken entsteht noch nicht, wenn es viele von ihnen sind, sondern dann erst, wenn diese Einzelnen sich untereinander verständigen und ihre subjektive Verfassung auf irgendeine Weise in die außerpsychische Materialität einschreiben: Je mehr Individuen ähnliche Überzeugungen hegen und sie laut vorbringen, so verquer sie auch sein mögen, desto massiver wird aus einer persönlichen Marotte eine realitätschaffende und damit objektive Interpretation der Welt.

mag, wie wir sie zu bewohnen gelernt haben, dass das vermeintlich echte Leben eine künstliche Fassade ist, hinter der ganz andere Mächte und Funktionen am Werke sind, die uns Unterworfene als nützliche Idioten beobachten, studieren, manipulieren oder ausbeuten.[81] Film für Film formierte sich ein relativ geschlossenes Modell des unbestimmten Unbehagens oder auch der nackten Angst, worin das Individuum sich mit dem selbst die Sphäre der privatesten Handlungen und persönlichsten Beziehungen durchdringenden und verformenden Zugriff einer amorphen Übermacht konfrontiert sieht, jedoch umgekehrt die eigene erzwungene Transparenz hinsichtlich des gesichtslosen großen Gegenübers mit nichts Vergleichbarem entlohnt wird, im Gegenteil der Einzelne nur einen dunklen und undurchsichtigen Vorhang vor sich erahnt, der mit einem Feuerwerk bunter Bilder,

---

[81] Dazu gehört freilich auch der große und ebenfalls jüngere Bereich der Verschwörungsdramen mit Politthrillern wie *Enemy of the State (Staatsfeind Nr. 1)* oder *Conspiracy Theory (Fletchers Visionen)*, dem High School-Horrorfilm *The Faculty* mit seiner autoritätskritischen Revision der paranoiden Bodysnatcher-Motivik, oder überhaupt Fernsehserien wie *Akte X* oder *Millennium* – die sich jedoch allesamt vom Kern unserer Untersuchung darin abscheiden, dass sie vorstellen lassen, unser Alltag (mit all seinen zuweilen noch so übersinnlich anmutenden Verbrechen) werde von klandestinen Hintermännern (meist in schwarz) gelenkt, die zu diesem Zweck die Hilfe von FBI, Geheimgesellschaften oder Außerirdischen in Anspruch nehmen. Unsere Aufmerksamkeit dagegen konzentriert sich um Erzählungen, worin weniger das Wollen physischer Heimlichtuer enthüllt als vielmehr deren persönliche Materialität selber als projektive Konkretion einer unpersönlicheren, die bekannte transzendierenden Daseinsebene erklärt wird. Nichtsdestotrotz, die nur oberflächlich geschürte naive Paranoia jener Werke trägt in sich – nicht auf der Ebene des nackten Inhalts, doch auf der Ebene des poetischen Gehalts – die tiefere Wahrnehmung dafür, dass nichts sein muss wie es sich drapiert, und dass hinter jeder Ecke heteronome Interessen stecken.

freundlicher Gesichter und bemalter Sperrholzplatten sich als solcher mitsamt dem mysteriösen Dahinter zu verschleiern versucht.[82] In gewisser Weise haben wir es hier mit einem neuen Existentialismus zu tun, worin die vom wahren Kern des Daseins ablenkende geschäftige Essentialisierung durch eingefahrene Begriffe und Handlungen des Alltagsbetriebs, die es aufzudecken und zu überwinden gilt, nicht wie einst in stumm vor sich hin seiender Ruhe ihre Schleier webt, vielmehr es auf uns abgesehen hat und uns in letzter Konsequenz nach unserem Seelenfrieden, unserer Selbstbestimmung oder auch unserem Leib und Leben trachtet. Der Ekel ist zur Todesangst geworden.

---

[82] Nun sind die angesprochenen Filme weder als eine lineare Abhandlung zu verstehen, die von Film zu Film diskursiv und mit anwachsender Erkenntnis fortschritte, noch als simple Anhäufung von Beispielen, denen man ständig neue hinzufügen könnte. Vielmehr ordnen sie sich als einzelne, selber emblematische Einheiten zu einer Konstellation, die in der zumindest ideellen Gleichzeitigkeit der Einzelteile und deren Zusammenspiel die Darstellung einer bestimmten psychosozialen Situation ausbildet. Ist jeder dieser Filme für sich bereits eine – mehr oder weniger – beredte Konzentration individueller Bewusstseinsinhalte, gerade welche durch seine öffentliche Rezeption zu kollektiven werden und einen Hof überindividueller Bedeutung um ihn herum ausstrahlen, so treten sie in ihrer Anordnung untereinander in ein Beziehungsgeflecht, das durch Überlagerung, Verstärkung, Kontrastierung, Kommentierung und gegenseitige Verdeutlichung der Elemente umso aussagekräftiger wird.
Dies heißt nicht, dass nichtgenannte, aber thematisch zugehörige Werke ausgeschlossen wären. Sie alle haben gleichfalls ihren Platz im Ideengefüge des kinematographischen Bewusstseins, doch sind die meisten lichtschwächere Objekte, die weniger ausdrücklich ihren Platz erläutern und daher neben den gehaltvolleren leicht verblassen: Die Struktur der Leitgestirne gibt den Gehalt vor, an den andere Filme sich näher oder entfernter anlagern.

In dieser, sagen wir mal, polyphonen filmischen Ideologiekritik zeichnen sich zwei zentrale Leitgestirne ab, welche die anderen Filme in unterschiedlicher Nähe und Ferne um sich herum zu einem Sinngefüge ausrichten: *The Truman Show* und *The Matrix*. In der *Truman Show* (Regie: Peter Weir, 1998) begann alles noch ganz harmlos. Truman Burbank (Jim Carrey), ein rundum normaler 30jähriger, lebt mit adretter Frau (Laura Linney) im hübschen Städtchen Seahaven am Meer, mit gepflegten Menschen darin und einem anständigen Schreibtischberuf. Dieses beschauliche Leben hätte er bis in alle Ewigkeit weiterführen dürfen, wenn ihn nicht eines Tages jener Scheinwerfer aus seinem Trott gerissen hätte, der ihn zuerst staunen und dann allem zweifeln lässt, was er bis dahin für selbstverständlich gehalten hat, angefangen mit der Glaubwürdigkeit des Nachrichtensprechers im Radio, der kurz darauf nachrichtet, ein Flugzeug habe just über der Stadt ein Stück Ladung verloren, bis hin zur Zurechnungsfähigkeit der Wirklichkeit wenn sie glauben macht, sie sei so, wie sie sich zeigt, und nicht etwa ganz anders.

Trumans Zweifel bekommen bald neue Nahrung, nicht zuletzt weil er in der Tat in einer Kunstwelt lebt, die von einem innovativen Fernsehregisseur (Ed Harris) vor nunmehr 30 Jahren erdacht und als gigantische Studiohalle in Burbank erbaut wurde, die Platz bietet für eine ganze Kleinstadt, ein Stück Strand, ein Stück Meer, ein Stück Himmel mit künstlich erschaffbarem Wetter sowie Simulationen von Sonne, Mond und Sternen, durch die hindurch der Regisseur gern wie der Göttervater vom Olymp auf die Welt seines Lieblings hinunterblickt. Die Stadt ist bevölkert mit vielen Statisten und einigen Schauspielern, welche die langwierige Aufgabe übernommen haben, den gleichsam einzigen wahren Menschen der Stadt – *true man* – von der Wiege bis zur Bahre zu begleiten und ihn in der Zwischenzeit so zu amüsieren, dass das Millionenpublikum, das Trumans Schicksal über Tausende versteckter Mikrofone und Kameras rund um die Uhr verfolgt, bei Laune bleibt.

Dass Trumans Leben dennoch verhältnismäßig langweilig wirkt, liegt einerseits daran, dass er seit einem – wie alles – inszenierten Segelunfall in der Kindheit, bei dem der "Vater" starb, an einer Wasserphobie leidet, die es ihm unmöglich macht, das Meer oder auch nur die Kanäle zu überqueren, die seine Heimatstadt umgeben – und die er daher zeit seines Lebens nicht verlassen hat. Andererseits bildet dieses mediale Kleinbürgerleben, wie jede Soap ein seltsames Amalgam aus Mimesis und Vorbild, den kleinsten gemeinsamen Nenner des weltweiten Zielpublikums, das sich daran weidet, seine stumpfe Lebensroutine so gestaltet zu sehen, dass sie zufrieden macht; nicht ohne Grund hängen in diesem idyllischen 50er Jahre-Relaunch an jeder Ecke Warnungen vor den Gefahren der weiten Welt, mit der unmissverständlichen Botschaft an Seahaven, dem ersten echten *global village*, dass das Leben nirgendwo angenehmer, sicherer und erfüllender sei als innerhalb seiner Grenzen.

Truman allerdings geht mit seiner Vorbildfunktion langsam etwas zu weit, der Keim des Zweifels ist nicht einfach wieder zurück in die Tube zu drücken. Schon seltsam, dass seine Frau ihm unablässig erzählt, wie praktisch die Markenartikel sind, die sie benutzen (die Produktion benötigt die Einnahmen durch Product placement, da keine Werbeunterbrechungen möglich sind), oder dass irgendjemand partout nicht zulassen will, dass er sich in einem bestimmten Gebäude umsieht (nämlich dem Produktionsbüro in der Kulisse), oder dass im Autoradio auf einmal sein momentaner Fahrtweg verkündet wird (Panne), oder nicht zuletzt dass auf der Straße plötzlich sein totgeglaubter Vater auf ihn zuwankt und ebenso plötzlich von Passanten abgeführt wird (der verwirrte Schauspieler hat sich nach Jahren zurück ins Studio geschlichen).

Das wäre alles nicht weiter schlimm und mit einem Kopfschütteln zu lösen, wenn er nicht verzweifelt versuchte, auf die Fidschiinseln zu reisen, um eine kurze aber eindrucksvolle beinahe-Affäre (Natascha McElhone) wiederzusehen. Diese nämlich, bzw. ihre Darstellerin, hatte sich unvorhergesehenerweise ganz in echt in Truman verliebt und war drauf und dran, den ganzen Schwindel auffliegen zu lassen. Flugs wurde die Figur vom Vater nach Hause geholt, die Schauspielerin gefeuert und Truman erzählt, seine Flamme sei nach Fidschi ausgewandert.

Truman aber, der liebenswürdige Einfaltspinsel der er ist, sieht keinen Grund, das Objekt seiner Leidenschaft fahren zu lassen, nur weil es momentan außer Reichweite und in seinem sonstigen Leben fehl am Platz ist; zusätzlich fühlt er sich dadurch angestachelt, dass anscheinend aller Zufall der Welt ihn daran hindern will, sein Inselchen zu verlassen. Ihm schwant, dass irgendeine Verschwörung gegen ihn im Gange ist, deren Ausmaße er jedoch nicht im entferntesten überblickt. Zu guter letzt erschafft der listenreiche Truman einen blinden Fleck im Gesichtsfeld seiner hundertäugigen Schutzmacht und entwindet sich den verblüfften Aufpassern, sattelt sein altes Segelboot – ganz als hätte der Eros der Erkenntnis die archaischen Ängste verjagt –, und mit einem aus Illustriertenausrissen montierten Phantombild seiner Angebeteten als Navigationshilfe sticht er in See.

Natürlich schafft es Truman nicht bis zu den Fidschiinseln, sondern viel weiter. Die vom panischen Produktionsstab flugs aufgewühlten Stürme und geschleuderten Blitze können ihn nicht davon abhalten, vor den atemlos aufgerissenen Mäulern der Zuschauer völlig erschöpft bis zum Rand der Welt vorzudringen, – doch anstatt hinunterzufallen, rammt er mit der Nase seines Bötchens in eine himmelblau getünchte Sperrholzwand; und dass in diesem ausgesprochen prosaisch geschilderten Moment – *kruntsch* – ein kleines Drama der Menschwerdung beschlossen liegt, macht die grandiose Lakonik des Films aus. Truman, das Weltkind, der Kaspar Hauser des Medienzeitalters, der zeitlebens allen nur Objekt der

Vergnügung war, dreht den Spieß um und wird für einen Augenblick das einzige Subjekt weit und breit. Einen kurzen Moment lang hält er die Zeit an, denn spätestens jetzt lässt seine universale Fangemeinde alles stehen und liegen, hängt staunend und bangend an den Fernsehern dieser Welt und sieht zu, wie ein Mensch, im Grunde einer wie sie, ein paar Stufen hochsteigt, eine Tür mit der Aufschrift "Exit" öffnet, sich mit höflicher Verbeugung von seinem Herrgott samt Engelsschar verabschiedet und durch die Tür ins Dunkle hinaustritt. Die Tür, die himmlische Heerscharen von Studioarbeitern jahrzehntelang nur als Ausgang aus dem Studio benutzt haben, wird bei Truman zum Ausgang des Menschen aus seiner selbstverschuldeten Unmündigkeit.

The Truman Show ist einer jener ganz seltenen Filme, die erwiesenermaßen das Zeug haben, intellektuelles und Massenpublikum in gleicher Weise zu begeistern und darüber hinaus die einen nicht über den Zuspruch der jeweils anderen sich wundern zu lassen. Er verwirklicht die goldene Mischung aus einerseits publikumswirksamem Drama, Witz, visuellem Einfallsreichtum und emblematischer Musik (von u.a. Philip Glass, dessen Kompositionen seit *Koyaanisqatsi* für den musikalischen Ausdruck von Zivilisationsdramen als unverzichtbar gelten), und andererseits hirnverschwurbelnder Intelligenz, umfasst er doch nichts weniger als den Übergang vom Mythos zum Logos, vom gottgebenen Mittelalter zur selberdenkenden Neuzeit oder von der ausschweifenden Wiederverzauberung der Gegenreformation zur emanzipatorischen Aufklärung – hier wie dort festgehalten in jener alten Zeichnung in den Geschichtsbüchern, worin der kniende Abenteurer mit dem Kopf die Schale seiner hemisphärischen Welt durchbricht und ins offene Universum dahinter blickt.

Wer darüber hinaus den allegorischen Sprung vollziehen mag, den Regisseur der Serie durch einen unpersönlichen Weltenlauf zu ersetzen, dem zeigt sich hinter der Emanzipation des Menschengeschlechts von göttlicher

Bevormundung diejenige von eben jenem ökonomischen Verblendungszusammenhang, der als fugenlose Kulisse aus Lug und Trug die individuelle Lebenswirklichkeit über ihren entfremdeten Charakter narrt, während ihr unbemerkt unentlohnte Arbeit abgetrotzt wird. Schließlich ist Truman ein Fernsehstar, mit dessen Wirken seine Herren ein Vermögen verdienen, von dem jedoch er selber nichts erfahren, geschweige denn abbekommen darf, damit ebendieses Ausbeutungsverhältnis nicht auffliege.[83] Nicht dass Trumans Beschützer ihn mundtriefend knechten und auswringen wollten, im Gegenteil haben sie ihn liebgewonnen über die Jahre, organisieren sein kleines Glück und sehen zu, dass er keinen Anlass erhält herauszufinden, was das Leben darüber hinaus für ihn bedeuten könnte; das Naturgesetz der Show setzt nun mal die Ausnutzung Trumans leutseliger Unwissenheit voraus, ohne welche außer Trumans Glaubwürdigkeit auch die Show selber dahin wäre.

In diesem begrifflichen Rahmen metaphorisiert Trumans finaler Abgang die Ablösung des gegenwärtigen scheinbaren Letztzustandes durch den Übergang in eine genuin postideologische Daseinsform, die so unerkennbar sein mag wie der jenseitige Raum, den Truman durch seine Tür betritt, doch von der zumindest negativ ausgesagt werden könnte, dass nicht jeder Gegenstand, jeder Handgriff, jede personale Transaktion, jedes Wort und jede Regung von vornherein auf einer Lüge beruhen. Just in diesem Moment, da Truman hinaustritt, endet der Film, er gönnt dem Zuschauer nicht einmal die Wiedervereinigung mit der so ersehnten großen Liebe. Bevor die fiebernd begleitete Erlösung positiv

---

[83] Sein Geld bekommt Truman hingegen für eine volkswirtschaftlich völlig unerhebliche, da fiktive Büroarbeit, die einzig ihm das Gefühl verschaffen soll, eine wichtige Tätigkeit zu leisten. Allerdings dürfte das Gehalt eines mittleren Angestellten deutlich unter dem eines Fernsehstars liegen.

beschrieben werden kann, ist Schluss, die Verwirklichung bleibt der Vorstellung des Publikums überlassen.

Und nicht nur darin, auch in den Details des Films, in Drama, Handlungsort und Gebrauchsgegenständen, steckt ein überspitztes Begriffsarsenal der modernen kritischen Theorie, vom Fetischcharakter der einzelnen plazierten Produkte, die selbst im häuslichen Gebrauch vor allem ihren Tauschwert ausstellen, über den herrschaftlichen Zugriff auf den der Öffentlichkeit scheinbar entzogensten Bereich, über das manifeste Trugbild der gesamten potemkinschen Kleinstadt, die mitsamt ihren Einwohnern das Ideal kleinbürgerlich-arkadischer Lebensverhältnisse webt, bis hin zum utopisch-transzendenten Gehalt der Liebe – niedergelegt im vermeintlich banalsten dramatischen Schema *boy meets girl*, *boy loses girl*, *boy gets girl back* – und dem einer modernen Kunst, die in ihrem ästhetischen Gefüge die richtungweisende Ahnung eines befreiten Zustands ins Bild setzt und deren eine Hauptkonstante das Prinzip der Montage bzw. Collage ist. Nach gewisser Zeit entsteht fast der Eindruck, als könne eine genaue Untersuchung des Films ein gesamtes Philosophie-studium ersetzen.

Warum kann der Film dann ein Happy ending haben? Bzw. warum darf das Ende als ein glückliches verstanden werden, wenn doch der Regisseur selber seinen Schützling zum Abschied warnt, die Welt da draußen sei genauso wie dessen eigene, dieselben Fakes und dieselben Lügen, nur bei weitem nicht so harmonisch? Weil es gleichzeitig eine Phantasterei darstellt. Wie sonst sollte man auf die Idee kommen, dass ausgerechnet die der Realität am meisten enthobene Person, Truman, Jahrgang '68, es all jenen zeigt, die um ihn herum unablässig an einer Scheinwelt arbeiten – bewusst an seiner und unbewusst an ihrer –, indem er als erster spontan seinen eigenen Schleier durchbricht und einen kurzen Augenaufschlag lang der erste wirkliche Mensch wird.

Am entferntesten noch von diesem enzyklopädischen Aufklärungsdrama, zumindest in der uns interessierenden Konstellation, steht der kunstvoll verschachtelte Thriller *The Spanish Prisoner (Die unsichtbare Falle)* von David Mamet (Buch & Regie, 1997). Hier geht es um Joe Ross (Campbell Scott), einen jungen Wissenschaftler, der seiner Firma eine irgendwie bahnbrechende Formel erfunden hat, die ihrem Besitzer für einige Jahre die Beherrschung des Marktes garantieren würde. Um so stutziger wird Ross, als bei einem Arbeitstreffen auf einer Karibikinsel sein Boss (Ben Gazzara) ihn zwar beglückwünscht, sich aber zu keiner Art von Bonus überreden lassen möchte. Zurück in New York, bestärken eine neue Sekretärin der Firma, Susan Ricci (Rebecca Pidgeon), sowie sein sinistrer neuer Bekannter Jimmy Dell (Steve Martin) Ross in dem Verdacht, dass seine Firma ihn ausbooten will; Dell arrangiert gleich ein Treffen mit einem unabhängigen Anwalt. Als jedoch von Ross gefordert wird, seine Formel gleich mitzubringen, wird er erneut misstrauisch und wendet sich an eine FBI-Agentin (Felicity Huffman), deren Bekanntschaft – genau wie Dells – er auf jener Insel gemacht hat. Die bestätigt, dass Dell unter Beobachtung steht und schlägt Ross vor, ihn für das Treffen mit einem versteckten Mikrofon auszurüsten. Gesagt, getan, doch einmal mehr weiß Ross nicht, wem er noch trauen darf: Dell taucht nicht auf, und die vermeintlichen FBI-Agenten haben seine Aufzeichnungen geklaut.

Dell indes hat seine Spuren verwischt, all seine Kontakte, Wohnungen und Edelclubs erweisen sich als Fakes, und Ross, der sich hilfesuchend ans echte FBI gewandt hat, gerät selbst in deren Fänge unter dem Verdacht, seine Formel selber entwendet zu haben. Auf der Suche nach entlastendem Material muss Ross erfahren, dass selbst Ricci, seine oberflächlich engste Vertraute, Teil bzw. Agentin in diesem Verwirrspiel ist, denn mit allerlei Tricks versucht sie, ihn festnehmen zu lassen, und liefert ihn letzten Endes an Dell aus, der Ross' Selbstmord vortäuschen will. In höchster Not sucht Ross Hilfe bei zweien jener japanischen Touristen, die den ganzen Film hindurch unbeteiligt knipsend im Hintergrund umherstehen – die wiederum entpuppen sich als getarnte US Marshals, die Dell und Ricci prompt festnehmen und dem verblüfften Ross eröffnen, dass sie endlich alle Beweise zusammenhaben, um seinen Boss auffliegen zu lassen, der diesen ganzen verbrecherischen Schwindel eingefädelt hat, um die Formel ganz in seinen Besitz zu bringen.

Offensichtlich reicht *The Spanish Prisoner* mit seinen Ränkespielen noch weit in den Bereich des Verschwörungsfilms hinein, dessen dramatische Impulse auf einem im weitesten Sinne politischen, d.h. von subjektiven und eindeutig benennbaren Interessen geprägten Boden gedeihen. Die in ihrer Glaubwürdigkeit sehr schillernden Personen bewegen sich trotz aller Antagonismen innerhalb der selben Realitätsarena wie der Protagonist,[84] beide Seiten, so ungleich sie sein mögen, verfolgen letzten Endes die selben Ziele, einzig dass jene den Vorsprung in Anspruch nehmen, durch geheime Verständigung um diesen eine Lügengeschichte herumzuspinnen.

Auf der anderen Seite zählt der Film durchaus bereits zu dem uns interessierenden Bereich, insofern diese Lügengeschichte sich zu einem narrativen Panorama auswächst, vor dem der gutgläubige Wissenschaftler fortwährend die kognitive Orientierung verliert, wenn er bei jeder Entdeckung einer Täuschung wie durch eine Falltür von einer Realitätsebene auf die nächste fällt und nicht ahnen kann, ob diese serielle Ernüchterung einen Erkenntnisfortschritt oder nur eine weitere Stufe in einem großen Plan bedeutet. Sein weiteres Schicksal nämlich läuft lange wie

---

[84] Und mit ihm der Zuschauer, der überdies mit dem Protagonisten stets auch auf der selben kognitiven Ebene steht und dadurch, dass keiner von beiden je mehr als der andere weiß und so beide von den kaskadenhaft umklappenden Wirklichkeiten gleichermaßen entsetzt werden, eine besondere Vertrauensinnigkeit zu ihm ausbildet.

vorgezeichnet, selbst unter der Prämisse, dass die Anbahnung der Klimax spontane Aktionen des armen herumdirigierten Antihelden sowie blanke Zufälle erfordert, die niemand wirklich programmieren kann.

Doch eben solche Spuren von Eigenmächtigkeit des umworbenen Wissenschaftlers, selbst wenn sie den Gesamtverlauf wie gewünscht voranbringen, tragen zur Verselbständigung der verbrecherischen Fiktion bei, und auch die kleinen taktischen Lügen der Verschwörer erfordern stets neue kleine Lügen und verfilzen mit der Zeit, sie werden quasi nicht mehr zurücknehmbar und damit dem weiteren Zugriff ihrer taktierenden Urheber partial entzogen. Das Lügentheater, über das die Bösen scheinbar so auktorial verfügen, gerinnt zu einem überpersonalen Gespinst, in dem alle Beteiligten, nicht nur der ständig übers Ohr gehauene Wissenschaftler, sich immer fester verstricken. Die Glaubwürdigkeit und damit die Wirksamkeit dieser quasi autopoietischen Fiktion erfordern gleichsam, dass ihre Protagonisten-Autoren sie selber als Realität anerkennen und verinnerlichen, bis zu dem Punkt, da sie selber nur noch aufgeregt hinterherlaufen können, wenn ihr sich emanzipierendes Drama plötzlich ungeplante Volten schlägt.

Zu guter letzt hätten sie nicht übersehen sollen, dass es mehrere Großerzähler geben mag, die wie einst beim Sängerwettstreit darum eifern, wer die überzeugendere Geschichte hat: denn als die in Marsch gesetzte Eigenlogik der Verschwörung beinahe zu ihrem intendierten Ende gelangt ist, schlägt das Erzählerglück der Schwindler um in ihr Verhängnis, da sie plötzlich erfahren müssen, dass ihr imposantes Theater im Rahmen eines noch größeren Lügenbaus abgerollt ist, in diesem Fall eines gegen sie selber gerichteten der Staatsgewalt, die jeden Schritt der Verschwörer als touristische Knipser getarnt begleitete, um dann im Moment der letzten Demaskierung für alle überraschend ihre noch umgreifendere Maske fallen zu lassen. Zwischendurch bemerkte Dell noch, dass diese Japaner ja überall seien, doch kam ihm zu keiner Zeit in den Sinn, dass nicht mal als Mitautor einer gleichsam realen Fiktion man davor gefeit ist, in einer parallelen Inszenierung selber als bloßer Akteur und damit Objekt eines kritisch zugreifenden Publikums zu fungieren. Am Ende wird ihm und seinen Vertrauten klar, dass die beinahe reibungslose Ausführlichkeit ihrer Aufführung den unsichtbaren Verfolgern Gelegenheit gegeben hat, ihre illegale Autorenschaft ausreichend zu dokumentieren, und ferner dass ein Illusionist genauso leutselig wie sein Opfer auf doppelte Böden seiner vermeintlich unverrückbaren Umwelt hereinfallen kann.[85] Im letzten Akt beweist der bis dahin herumgestoßene Ross, dass jedes von Menschen ersonnene Stück fehlbar ist und wirft – noch immer unabsichtlich – das Ruder herum, in einer ersten unvorbereiteten Spontanaktion zögert er die letzte Demaskierung so hinaus, dass er selber ungeschoren davonkommt. Nach der großen letzten Falltür landet er nicht etwa im Nichts sondern wieder auf festem Boden, seine Gegenspieler dagegen im Gefängnis.

Einen Schritt weiter geht *The Game* (1997) von David Fincher. Hierbei ist es der Industrielle und Workaholic Nicholas Van Orton (Michael Douglas), der den Kontakt zur Realität verliert, bzw. sie hinter dem, was er für sie gehalten hat, nicht mehr orten kann. Zu seinem 48. Geburtstag bekommt Van Orton von seinem kleinen Bruder Conrad (Sean Penn), mit dem er gewöhnlich nicht viel zu tun hat, ein ganz besonderes Geschenk: einen Gutschein für ein Erholungsprogramm namens "The Game" der ihm unbekannten Firma Consumer Recreation Services. Ein Besuch bei einem CRS-

---

[85] Ein philosophisches Bonmot der jüngeren Vergangenheit zu relativieren könnte man anmerken, dass jener neueren "großen Erzählung", die ihren folgsamen Zuhörern einbleut, dass es nur noch unzusammenhängende kleine gebe, nur mit einer noch größeren beizukommen ist.

Vertreter nebst ausführlicher medizinischer und psychologischer Untersuchung klärt nicht viel auf, höchstens, dass er als Teilnehmer jenes Spiels leider abgelehnt werden müsse. Ratlos kehrt Van Orton nach Hause zurück und findet auf dem Asphalt vor seinem Anwesen eine lebensgroße Puppe ausgestreckt, just an der Stelle, da sein Vater im Alter von 48 Jahren sich in den Tod gestürzt hat; an ihr ein kleiner Schlüssel mit einem CRS-Aufdruck. Als sei er darob noch nicht genügend verstört, sieht sich Van Orton in seinem Haus regelrecht terrorisiert: Irgendjemand kann jeden seiner Schritte verfolgen und lässt den Nachrichtensprecher im Fernsehen zu ihm sprechen. Am nächsten Tag, mit den Nerven fertig, schreit er eine Kellnerin, Christine (Deborah Kara Unger), wegen eines Missgeschicks derart an, dass sie gefeuert wird. Das wiederum tut ihm leid, und während er vor der Tür sich gerade entschuldigt, werden beide als Zeugen eines Unfalls in einen Krankenwagen geladen und in ein Krankenhaus gefahren, in dessen Parkhaus sie mysteriöserweise alleine im Dunkeln zurückbleiben. Der einzige Ausweg ist ein Fahrstuhl, der sich prompt mit dem CRS-Schlüssel aktivieren lässt.

Mit Christine als Vertrauter an seiner Seite folgt eine so hastige wie absurde Odyssee durch Van Ortons Büro und ein verwüstetes Hotelzimmer, vorbei an einem nun auch verfolgungspanischen Conrad und einer Anklage wegen Drogenmissbrauchs bis in ein im Hafenbecken landendes Taxi. Knapp dem Tode entronnen, hat Van Orton spätestens da genug von dem Spiel und will CRS die Meinung blasen, doch die Firma ist aus den Büroräumen verschwunden; der Hausmeister versichert, sie seien doch noch gar nicht bezogen. In seiner Verlorenheit flüchtet er sich zu Christine in die Wohnung. Die versucht ihn zu beruhigen, während er beiläufig entdeckt, dass an ihrer Wohnungseinrichtung noch Preisschilder hängen, der Kühlschrank leer ist und die Bücher im Schrank zusammenkleben wie bei Ikea, und es durchfährt ihn: Die Wohnung ist frisch hergerichtet, dies alles sind Attrappen, sie gehört zu ihnen, sie hat von allem gewusst, sie ist aktiver Teil des Spiels. Im Moment der Erkenntnis betäubt sie ihn, und in einem offenen Grab in Mexiko wacht er wieder auf.

Van Orton schlägt sich zurück nach San Francisco durch, spürt die Verantwortlichen des Spiels auf und droht, den ersten zu erschießen, der ihm zu nahe kommt. So erschießt er unwillentlich den ebenfalls anwesenden Conrad und stürzt sich daraufhin aus Verzweiflung vom Dach. Landen jedoch tut er auf einem bereitgelegten Luftpolster. Unten begrüßt ihn der unverletzte Bruder, eröffnet ihm, dass das alles zum Spiel gehörte, und wünscht ihm nochmal alles Gute zum Geburtstag. Erleichtert und dankbar stößt Van Orton mit Conrad an.

Über dieses aufgesetzte und unlogische Happy ending mag man streiten, Studio und Regisseur hätten es, wie zu hören war, zur genüge getan. Viel wichtiger ist der sanfte Übergang von der politischen Intrige, die auf menschlichem Maß und Antrieb beruht und daher ebenso mit ihm aufzuknacken ist, zur gleichsam metaphysischen Intrige, worin der direkte subjektive Einfluss der agierenden Personen auf ihr Opfer in dem Maße schwindet, wie der quasi objektive Zugriff wächst, den gebaute Umwelt, eingefahrene Verhaltensmechanismen, zufällige Begebenheiten etc. ausüben, mithin all jener Instanzen, die der Verfügung selbst der Verschwörer weitgehend entzogen sein sollten. *The Game* bildet damit den Übergang von *The Spanish Prisoner* zur *Truman Show*, denn er entpersönlicht die dramatische Zuspitzung und lässt sie in eine Melange von aufwendig geplanten Kulissen und Schauplätzen sowie einem exakt kalkuliert anmutenden Koinzidenzengemenge diffundieren; ein Geflecht, das schließlich in Seahaven zu Trumans ausführlich und für die Ewigkeit errichteter Hometown sich verfestigt, worin sowohl Truman als auch die Schauspielereinwohner, abgesehen von ihrem Wissensgefälle, gleichberechtigt nebeneinander leben.[86] Ihre

---

[86] Natürlich kehrt in der *Truman Show* auf einer höheren Ebene das persönliche Interesse der Manipulateure zurück, nämlich der

Häuser sind keine Kulissen mehr, jedenfalls nicht ausschließlich, denn ihr Täusch-Wert ist längst aufgewogen von ihrem alltäglichen Gebrauchswert, und die vielen kleinen unheimlichen Unvorhersagbarkeiten, die noch Van Ortons Abenteuer wie am Schnürchen vorantreiben, haben in Seahaven einer beschaulichen immerwiederkehrenden Kleinstadtroutine Platz gemacht, die – im Normalbetrieb – den Misstrauen schürenden Zufällen keinen Raum lässt. Die allmächtige Intelligenz hinter Trumans Welt hat diese so eingerichtet, dass sie sich in ihr verstecken kann, um ihn nicht unnötig aufzuregen.

In Van Ortons Welt rumort ebenso eine scheinbar allmächtige Intelligenz, allerdings eine, die es darauf abgesehen hat, sich und ihre unbegrenzten Möglichkeiten herauszustellen, um dem armen Spielteilnehmer einen größtmöglichen Schrecken einzujagen. Oder auch um ihn damit zu unterhalten, dass sie ihn für eine bestimmte Zeit aus seinem eintönigen Industriellenleben herausreißt und in eine Achterbahn des wirklichen Lebens wirft. Das Beunruhigende ist nur, dass diese irrealen Wendungen und Überraschungen zuweilen eine höhere Instanz erfordern als eine gewöhnliche irdische Illusionsfirma, die CRS zu sein vorgibt, und das wirklich Erschreckende für Van Orton – wie für das Publikum, das genau wie im Falle von Joe Ross stets genausoviel weiß wie der Protagonist – sind die Augenblicke da er erkennt, dass er beobachtet wird in Momenten, da eigentlich niemand ihn beobachten könnte, dass jemand in einem Medium wie dem Fernsehen auf ihn reagiert, das eigentlich kein Sterblicher derart prompt manipulieren kann, und schließlich dass die feste Welt um ihn herum eine flugs

---

Programmacher, die das Städtchen gebaut und Truman hineingesetzt haben, um viel Geld zu verdienen. Doch wenn wir die Perspektive des der Scheinwelt Unterworfenen beibehalten wollen, müssen wir uns mit dieser auf Augenhöhe bewegen, und dort sehen wir nur Schauspieler, die nicht auf eigene Faust und Rechnung, sondern nach Vorgabe eines größeren, lebenslangen Plans agieren.

für ihn errichtete zu sein scheint. Was muss es für ein Taumel sein, auf einmal mit dem Preisschild an einem Möbelstück den Beleg in den Händen zu halten, dass nicht nur Menschen einen belügen können, wie offensichtlich Christine, sondern auch eine dumme Lampe und ihr dazugehörendes Ensemble, die man sonst nicht im entferntesten mit Kategorien wie wahr und falsch belästigen würde. In diesem kurzen Augenzwinkern der Dingwelt fallen die Masken sowohl von Van Ortons neuer Freundin als auch von der sonst so neutral gehandhabten Gegenständlichkeit und stoßen einen Abgrund an Unsicherheit auf. Man fragt sich nicht nur, welchem Menschen, sondern auch welchem Zustand man noch trauen könne.

Nun lässt sich diese Art der Ernüchterung nach dem ersten Schreck und einem Schnaps noch hinwegerklären: Sie hat ihn belogen, und ihr Appartement ist ein Fake. Kleiner Aufwand, aber mit ein bisschen Organisation menschenmöglich, genauso wie die absurden Zufälle, die ihm bis dahin begegneten. Jedoch kommt einem das cui bono in den Sinn, was für subjektive Interessen könnte es noch geben – abgesehen von fürstlicher Bezahlung, die zu leisten Conrad trotzdem nicht der Potenteste erscheint –, mit solchem logistischen Großangriff einen Upper-class-Niemand dermaßen ins Bockshorn zu jagen, dass er sich auf seinem kleinsten Nenner, der bloßen physischen Integrität, wiederfindet. Zumal gerade der vermeintliche Urheber CRS sich in Luft aufgelöst hat und eine leere Büroetage zurücklässt, während deren vermeintlicher Kundenbetreuer sich später als harmloser Schauspieler entpuppt, den Van Orton mit dessen Kindern im Zoo aufspürt. Sofern man ihn nicht für besonders ausgeklügelt hält, verschwimmt hiermit auch der letzte rationale Grund für Van Ortons Höllensturz im Nebel des Vorwands, und spätestens dann muss eine größere und dunklere Macht am Werke sein, als im gewöhnlichen Wirtschaftsgefüge Platz hätte.

Im nächsten Schritt erfährt Van Orton folgerichtig seinen gewaltigsten Schock und das Publikum eine der wahrlich erschreckendsten Szenen des jüngeren Kinos. Mit vorgehaltener Waffe entführt er den Schauspieler in dessen Zentrale und durchquert eine Kantine, in der ausnahmslos alle Menschen, die ihm seit Beginn des Spiels begegneten, von Conrad und Christine bis hin zum letzten Straßenarbeiter und beiläufig passierten Bettler, beim Mittagessen versammelt sitzen. Sie alle gehörten dazu, vom Engvertrauten bis zum Statisten, und sie alle haben ihm einen zunehmend prekären Alltag vorgespielt, auf den er sich trotz allem noch irgendwie verlassen wollte: Christine ihre Vertrauenswürdigkeit, Conrad seine Todesangst, der Bettler seine Geldnot. Von allen Verunsicherungen, die Van Orton durchleben musste, sollte diese seine größte, geradezu ins Metaphysische reichende Erschütterung sein, insofern einerseits jegliche Erfahrung von Vertrautheit wie Frühnebel vor einem Abgrund aus Welt-Fremdheit sich auflöst, darüber hinaus aber dieser Anhäufung fremder Agenten ein von ihnen – entlang der Geschichte – belebter riesiger Raum entsprach, der Van Orton im Nachhinein als feindlicher Äther gegenübertritt.

Wenn man nämlich unterstellt, dass Van Orton keinem geheimen Faden blind gefolgt ist, sondern durchaus seine eigenen spontanen Haken geschlagen und Initiativen ergriffen hat, dann bleibt nur der Schluss, dass entweder sein eigener Wille von einem äußeren Dramatiker ferngesteuert wurde, oder dass jeder einzelne Mensch, den er auf jedem möglichen Pfad seiner Entscheidungen passiert hätte, Mitglied der großen Verschwörung wäre und damit Teil eines übelwollenden Zusammenhangs, der jedes Maß an irdischer Intentionalität überstiege. – In diesem Fall bliebe Van Orton gewissermaßen als letzter Mensch zurück, der seiner Umwelt so vertraute wie sie sich gab, doch letztendlich einem einzigen großen Aufgebot an Täuschung gegenübersteht, als nacktes Versuchsobjekt in einem Rattenlabyrinth – mit vielen Wänden auf Augenhöhe, doch ohne Dach.

Nebenbei deutet sich eine tiefgreifendere Funktion jenes Spiels an, als der Titel vermuten lässt, insofern es weniger, einmal eingegangen, ein abgegrenztes Spiegelkabinett aufbaut, in dessen multiplen Täuschungen der Spielende aus Spaß sich verirrt, als vielmehr in einem perfiden Akt der Gnade ein Fenster auf die wahren Verhältnisse aufstößt und ihm das ambivalente Vergnügen zuteil werden lässt, sein Leben als jenes Gaukelspiel zu identifizieren, dem er ohne das Geburtstagsgeschenk weiterhin sorglos auf den Leim gegangen wäre. Vor diesem Hintergrund bekäme das merkwürdige Detail einen Sinn, dass der CRS-Vertreter Van Orton anfangs mitteilte, er könne zu dem Spiel leider *nicht* zugelassen werden, und dieses ihn dann doch prompt ereilte; gemeint hätte er, Van Orton werde *nicht mehr* zugelassen, aus der paradiesischen Lebensroutine hinausgeworfen in die kalte Entfremdung der Realität. Die unausgesprochene Regel, mit dem Titel einer Erzählung den dramatischen Ausnahmezustand innerhalb einer ewigen Ordnung, die mit Einsetzen des Dramas gestört und mit dessen Auflösung wiederhergestellt wird, emblematisch zu bezeichnen, wäre ersetzt durch die Benennung jener Ordnung selber, die durch das Drama zumindest erschüttert wird.[87] Womit auch die Modalität der Aufführung selber auf den Kopf gestellt wäre: nicht als gefälliger Zeitvertreib, der den Teilnehmer vom Ernst des Lebens suspendiert, sondern umgekehrt als substantielle Maßnahme, unter spielerischer Zuspitzung ihn aus dem titelstiftenden fortwährenden Theater des Lebens in dessen Ernst hinauszuführen. Wer in dieses Spiel geworfen wird, ist

---

[87] Bei einem Seitenblick fällt auf, dass außer (möglicherweise) *The Game* auch einige andere der hier untersuchten Filme – *The Truman Show*, *The Matrix*, *Dark City*, *The 13th Floor* – ausdrücklich nicht etwa das erzählte Ereignis, sondern den, wie sich herausstellt, prekären Normalzustand thematisieren, in dessen Rahmen es sich abspielt und den es gleichzeitig zu sprengen droht. Bereits in den geballten Titeln ist eine neue erzähltechnische Begrifflichkeit angelegt, worin nicht von vornherein davon ausgegangen werden kann, dass wie bisher der allgemeine Weltzustand gegen das individuelle Drama die Oberhand behält.

dazu verdammt, statt einzusteigen, erstmalig mit dem Spielen aufzuhören.

Warum dann dieses Ende, das die entgrenzende und schwindelerregende Großinszenierung wieder nur auf das Niveau einer extravaganten Dienstleistung zurückbiegt und ansonsten den Status Quo nicht berührt? Die Zuschauer fühlen sich für dumm verkauft, die nach allem glauben sollen, dass es wirklich nur ein paar Kulissen und verkleidete Statisten brauche, um das begriffliche Koordinatensystem eines Menschen derart durcheinanderzubringen, und ferner, dass dieser Mensch, mit dem sie alles durchlitten haben, so doof sei, genau das zu glauben.

Doch auch wenn unterstellt werden darf, dass den finanzgewaltigen Schlipsträgern ein versöhnlicher Schluss schlicht lieber war als der erwartete beunruhigende, schadet es der Fabel nicht, ihn so zu nehmen wie er ist und daraus die Konsequenzen zu ziehen, verschafft er dem Zuschauer doch, nun völlig alleingelassen, die letzte erschütternde Verstörung. Denn außer Van Ortons ans Surreale grenzender Gutgläubigkeit steht noch die Frage im Raum, warum genau er bis zum Schluss genau das tat, was letztendlich die Autoren von CRS vorbereitet hatten: Er lief stets dort vorbei, wo die Statisten standen, entlarvte die Schwindler erst, als es zu spät war und stürzte sich zuletzt aus vermeintlich freien Stücken dort vom Dach, wo das Sprungkissen bereit lag. Das alles kann eigentlich nur einen vernünftigen Grund haben, durchfährt es den Zuschauer: Auch er ist einer von ihnen!

Von Anfang an wusste Van Orton, was los ist, nur tat er ahnungslos, damit der hundertprozentig vertrauende Zuschauer ihm auf dem Weg durchs Spiel anteilnehmend folge. Umzingelt von Schwindlern hielt man ihm als einziger Verbündeter die Treue, und am Ende gibt er sich lachend als Agent der Gegenseite zu erkennen. Damit beginge *The Game* den wohl größten Vertrauensbruch des Kinos, den zwischen Identifikationsfigur und Zuschauer: Wem kann man denn noch vertrauen, wenn schon nicht mal mehr sich selber?

Dieses unglaublichste aller Happy endings wäre gleichzeitig eine ernüchternde Reflexion über das Wesen des Kinos, über die Art und Weise, wie es innerhalb eines verschworenen Haufens dem Zuschauer vordergründige Zwistigkeiten und Leidenschaften vorspielt, denen er emotional auf den Leim gehen soll, während hinter den Kulissen selbst der beliebteste Held mit dem Bösen weit vertrauter ist als mit den ihn unerwidert Verehrenden. Hinsichtlich der Thematisierung von Sein und Schein des persönlichen Erlebnisraums wäre es ebenso ein Kommentar zu der Gewohnheit, reale Konflikte und Erschütterungen der Ordnung so zu quittieren, wie es im Kino, bzw. in der Erzählkunst überhaupt, gelernt wurde: die für den gewohnten Weltenlauf folgenloseste als die plausibelste Lösung anzunehmen, und ansonsten der dramatischen Regel zu folgen, dass die Charaktere sich verändern, d.h. dem gewundenen narrativen Verlauf sich anpassen müssen, damit die feste Einheit von Ort, Zeit und Handlung nicht angetastet werde. Und nicht etwa umgekehrt.

Van Orton tut dies so überdeutlich, als wolle er uns etwas sagen, als wolle er mit dem augenzwinkernden Verrat am Zuschauer diesem das kognitive Rüstzeug mitgeben, sich von unhinterfragten Autoritäten zu lösen und für den alltäglichen Verrat am Weltbewohner, den er bis dahin stellvertretend für uns erleiden musste, sowie dessen zum Teil kindische Übertünchung hellhörig zu werden. Als gehorche er der allegorischen Daumenregel, dass – im Gegensatz zum antiken Mythos – im Kino der Tod des Helden individua-lisiert, sein Weiterleben dagegen verallgemeinert, gibt der Film einen plausibleren Schluss mit der Auslöschung von Van Ortons bisherigem Leben – und damit als individuelles Schicksal – auf, zugunsten eines dessen Überleben sichernden käsigen Happy endings, das zwar den Helden seinem alten Dasein wieder aufsitzen lässt, aber möglicherweise gerade deswegen nicht den verprellten Zuschauer.

Auf der anderen Seite der *Truman Show*, jenseits des Bereichs der Verschwörungen und im Übergang zur im weiteren Sinne psychisch-medialen Täuschung, liegen Filme wie *Wag The Dog* und *The Usual Suspects*. Letzterer (*Die üblichen Verdächtigen*, 1995, von Bryan Singer) steht mit einem Bein noch fest in seinem kleinen aber raffiniert selbstreflexiven Subgenre, nennen wir es mal Augenzeugenfilm, mit seinen Klassikern wie Hitchcocks *Stage Fright (Die rote Lola)* oder Kurosawas *Rashomon*, worin im Rahmen einer Verbrechens-rekonstruktion Zeugenaussagen geleistet und über längere Zeit narrativ illustriert werden, die sich später als glatte Lügen herausstellen. Das Publikum, das gewöhnt ist, dass Menschen flunkern, aber Bilder von ihnen nicht, lässt sich jedesmal überraschen, wenn eine Augenzeugenschaft sich als pure Fiktion herausstellt, und vor allem die eigene als Filmzuschauer. *The Usual Suspects* darüber hinaus macht dieses Motiv zum zentralen seiner Handlung, der ganze Film besteht aus einer Schilderung der ausführlichen Aussage eines Verhörten mit Namen Verbal Kint (Kevin Spacey), der in einer Zollbehörde sitzt und dem verhörenden Inspektor (Chazz Palminteri) die gewundene Geschichte um eine Bande hochspezialisierter Verbrecher erzählt, der Kint angehört, sowie um den so unbekannten wie sagenhaften Gangsterboss Keyser Soze, der diese Leute trickreich zu seinen Handlangern macht, bis im Hafen ein Frachtschiff in Flammen aufgeht und einige verkohlte Leichen zurückbleiben.

Immer wieder bieten sich konsistente Lösungen der verschachtelten Erzählung an, doch am Ende muss der Inspektor Kint entlassen, ohne eine zureichende Überzeugung zu behalten, wer Urheber bzw. Schuldiger der untersuchten Verbrechen ist bzw. wer sich hinter dem Namen Keyser Soze verbirgt. Allerdings nur, bis er sich schließlich umdreht und an seiner überlebensgroßen Pinnwand Namen, Ereignisse und Formulierungen wiederfindet, die er aus der eben gehörten Geschichte kennt: Kint saß die ganze Zeit auf seinem Stuhl und las an der Wand, der der Inspektor den Rücken zukehrte, in einem Wust von Fragmenten, aus denen er assoziativ eine dramatische Kontinuität wob, die ihn selbstverständlich entlastete und so lange hielt, dass auch der Inspektor davon ausgehen musste, die Wahrheit zu hören. Als diesem auffällt, dass er wohl Keyser Soze selber hat gehen lassen, ist der schon auf und davon.

In unserem Kontext relevant ist vor allem, dass es nicht ein Detail oder eine Episode sind, mittels deren dem Ermittelndem wie dem Publikum etwas vorgeschwindelt wird, sondern eine vollständige Nacherzählung vermeintlicher Ereignisse, aus der ebenso die Schuldigen als auch überhaupt das Ausmass des Verbrechens hervorgehen. Der Zollinspektor – und mit ihm das Publikum – entwirft um sich herum ein Panorama quasi sich gegenseitig beglaubigender Vorstellungen und fühlt sich umso genarrter, als er letztlich unmissverständlich herausfindet, dass er einer bloßen Erfindung, noch dazu aus dem Stegreif, aufgesessen ist. Jedes mögliche Indiz, das die Aussage zu Fall brächte, müsste erst kriminalistisch sorgfältig überprüft werden, doch mit den Zetteln an der Wand hinter ihm hat der Inspektor das Urteil nicht über die logische Konsistenz, eher über die Modalität der Aussage vor Augen – nicht über wahr oder falsch, sondern über Fakt oder Fiktion. Die Lücke im erzählerischen Konstrukt, die Identität des Haupttäters, wird am Ende geschlossen, doch nicht ohne wiederum das um sie liegende narrative Begriffsganze, das das Abwesende substantiell ins Vorstellungsgefüge einpasste, ins Nichts zu zerstreuen; bis zuletzt fehlte dem Inspektor der Täter für das komplette Bild, nun weiß er, wer der Täter, aber nicht mehr, was das Verbrechen war. Von einem Augenblick auf den anderen stürzt er in den Taumel einer erschütterten Urteilskraft, die weit fundamentaler wirkt als das enervierende Trial and error auf der Suche nach dem fehlenden Puzzleteil: Verschwunden sind nicht die zum kompletten Urteil nötigen Details, sondern der begriffliche Hintergrund, der einem Urteil über diese Details überhaupt erst eine Grundlage gibt. Im Mikrokosmos der Verbrechensrekonstruktion steht der Inspektor nicht plötzlich vor einer komplett anderen, wahreren Vorstellungslandschaft, sondern vor einer tabula rasa; was er am Ende in der Hand hält, ist das fehlende Puzzleteil, was ihm nun stattdessen fehlt, ist das Puzzle drumherum.

Zentraler im Komplex dieser Untersuchung liegt *Wag The Dog* (1997) von Barry Levinson. Von Haus aus Polit- bzw. Mediensatire, lustigerweise mitverfasst von David Mamet (nach einem Roman von Larry Beinhart), erzählt er von dem PR-Spezialisten Conrad Brean (Robert DeNiro) aus dem amerikanischen Präsidentenstab, der kurz vor den Wahlen noch schnell einen Krieg anzetteln will, um von der Belästigung einer Schülerin durch den Präsidenten abzulenken. Die Wahl fällt auf Albanien[88] – "Warum nicht? Sie haben uns vielleicht nichts getan, aber sie haben auch nie etwas *für* uns getan" –, und sofort wird aus allen PR-Rohren geschossen, mit den gewohnten Geschützen der Desinformation und Propaganda, aber vor allem mit der neuen Präzisionswaffe aus Hollywood: digitaler Bildbearbeitung. Brean engagiert den Filmproduzenten Stanley Motss (Dustin Hoffman), welcher seine Zauberkräfte in Bewegung setzt, um die amerikanische Öffentlichkeit gegen Albanien aufzuwiegeln: Er erfindet das uraufgeführte Drama um albanische Extremisten und Atomterroristen so überzeugend, dass niemand mehr an der Notwendigkeit des Eingreifens zweifle, und liefert die emblematischen Fernsehbilder gleich mit. Archivaufnahmen irgendeiner leeren Dorfstraße lässt er derart verschönern, dass auf ihr ein albanisches Waisenmädchen, das von Terroristen vergewaltigt wurde, in Panik vor Gewehrsalven flieht. Zwei Mausklicks später trägt sie zusätzlich ein

---

[88] Man mag es kaum glauben, aber Roman sowie Film sind entstanden, bevor irgendjemand von einer Monica Lewinsky gehört hatte, geschweige denn vom Kosovo.

Kätzchen auf dem Arm, und auch dem letzten Fernsehzuschauer wird klar, dass die Zeit drängt.

Die nonchalante Manipulation des geistigen Gesichtskreises ist hier schon schärfer, materieller und damit umfassender. War es eben noch ein einzelner Zollinspektor, dessen Vorstellungskraft sich einer massiven Bearbeitung unterworfen sah, so sind es nun äußere statt innerer Bilder, handfeste lancierte Nachrichten und sichtbare Tagesschaufilme, die sofort ins Kollektivbewusstsein übergehen und dort, allein weil es sie gibt, eine intersubjektive Legitimation ausbilden. Wer weiß schon genau, so Brean, wie und wo die Aufnahmen wirklich zustandegekommen sind, die sich ins kollektive Bildgedächtnis eingegraben haben? Das nackte vietnamesische Mädchen, Iwo Jima, der chirurgisch zerstörte irakische Bunker? Ihre pure Existenz bürgt dafür, dass sie zumindest in ihren Konsequenzen real sind, und je breitgefächerter die Reaktionen, die sie provozieren, desto kanonischer werden sie ungeachtet ihres ursprünglichen Wahrheitsgehalts. Ein ganzes Fernsehvolk glaubt Motss' Aufführung mit gefakten Nachrichtenbildern und ad hoc produzierten "30er"-Jahre-Songs für einen erfundenen gefangenen US-Soldaten, womit es weniger sich verbiegt als die Nachrichten: Wenigstens die werden wahr, wenn schon nicht ihre Quellen. Als einziger Weg, die einmal angestoßene Geschichte wieder aus der Welt zu schaffen, bliebe nur noch, nicht etwa ihre Künstlichkeit im nachhinein aufzuklären, sondern sie konsequent zu Ende zu führen; alles andere würde als Lüge aufgefasst – nicht zuletzt weil inzwischen echte albanische Extremistengruppen sich gegründet und den Kampfaufruf angenommen haben.

Die Dichtung hat sich zur Wahrheit entäußert und spätestens damit, gleichsam freistehend, der Verfügungsgewalt ihres Dichters entzogen. Motss, ganz ergriffen von Größe und Überzeugungskraft seiner Masseninszenierung, bleibt zuletzt ernüchtert zurück: Niemals wird er von ihr eine Silbe erwähnen dürfen, niemand wird diese seine Leistung jemals würdigen können. In einem letzten Aufbäumen will er hinaus und mit seinem Meisterwerk prahlen, und Brean ist untröstlich, als Motss kurz darauf plötzlich und unerwartet in seinem Pool treibend aufgefunden wird. Er ist der erste und einzige Schöpfergeist in unserer Untersuchung, der seiner Schöpfung zum Opfer fällt, nicht weil sie fehlerhaft, doch gerade so perfekt war, dass sie zuletzt sich selber von ihrem Erfinder emanzipieren konnte. Motss fällt dem umgekehrten Schock anheim von dem, den er dem Publikum angedeihen lassen wollte: Anstatt diesem vor Augen zu führen, dass seine so geglaubte politische Situation eine simple Inszenierung ist, musste er erleben, dass das, was er für eine Inszenierung hielt, längst Wahrheit geworden war, die als solche niemanden dulden mochte, der ihr diesen Status wieder abzunehmen drohte.

Nicht weit entfernt, aber bereits tief im Bereich der Science Fiction steht *eXistenZ* von David Cronenberg (Buch & Regie, 1999). Hierbei handelt es sich um ein neuartiges Spiel mit dem Logo eXistenZ, das sich von handelsüblichen Computer-spielen von vornherein darin unterscheidet, dass der Spielende über eine künstliche Nabelschnur, die in einen über dem Steißbein implantierten Bioport gesteckt wird, mit der Spielkonsole verbunden ist, dem sogenannten Game pod: einem semiorganischen Gewebeklumpen, der bei Aktivierung lebendig konvulsiert. Daraufhin sieht man sich, alleine oder mit Mitspielenden, in eine der Realität aufs Haar gleichende halluzinierte Umgebung versetzt, worin die Phantasien der Entwicklerin des Spiels sowie der Spielenden zu einer Synthese finden; das Spiel legt vor, und der Mitspieler füllt es mit seiner Persönlichkeit aus, während er Abenteuer jeder möglichen Art durchspielt.

Bei der Präsentation des neuen Spiels passiert jedoch Unvorhergesehenes. Ein Mitglied der "Freunde der Realität", einer Terrorgruppe, die die modernen virtuellen Welten verabscheut, verübt ein Attentat auf die fast religiös verehrte

Spieleerfinderin Allegra Geller (Jennifer Jason Leigh). Leicht verletzt kann sie dem Blutbad entfliehen; gemeinsam mit Ted Pikul (Jude Law), einem unbedarften Neuling in der Firma, will sie außerhalb der Stadt untertauchen, aus Furcht, von weiteren Terroristen verfolgt zu werden. In einem Motelzimmer muss sie geschockt feststellen, dass ihr geliebter Game pod, der die originale und bisher einzige Version des Spiels in sich trägt, Schaden abbekommen hat. Um dessen Ausmaß einzuschätzen, müsse sie nun sofort, mit einem Vertrauten zur Sicherheit, ins Spiel einsteigen. Ted aber hat noch keinen Bioport, weswegen sie den schmierigen Tankstellenpächter Gas (Willem Dafoe) überredet, ihm im Hinterzimmer mit dreckigem Gerät einen ins Rückenmark zu schießen. Doch Gas entpuppt sich als Kopfgeldjäger für die Gegenseite – der Bioport ist defekt, und Allegra, auf deren Leben die Konkurrenzfirma ein Preisgeld ausgesetzt hat, entgeht knapp einem weiteren Mordversuch.

Beide fliehen weiter zu Kiri Vinokur (Ian Holm), einem Kollegen Allegras, der Teds Bioport austauscht, und in Sicherheit auf einem Motelbett liegend können sie nun ins Spiel eintauchen. In der einsetzenden Umgebung, die sich von ihrer gewohnten wenig unterscheidet – selbst die zahlreichen mutierten Fische und Eidechsen, die sie bevölkern, kennen sie bereits aus ihrer normalen Dimension – tasten sie sich durch die manifesten Halluzinationen. Halb gewollt und halb gezwungen, wie sich zeigt, denn sie folgen nicht durchgehend ihrem eigenen Willen, sporadisch durchfährt sie der innere Drang, anderes zu tun und zu sagen, als sie normalerweise würden; die Definitionsmacht des in seiner Dimension allgewaltigen Spiels setzt sich durch und dirigiert ihre Objekte entlang des grob vorgezeichneten Pfads der Erzählung – hin und wieder, so erklärt Allegra, müssten bestimmte Initiativen ergriffen werden und Sätze fallen, um Handlung und Charakterisierung der Figuren voranzutreiben. Was trotzdem nicht immer nach dem Geschmack der Spielenden verläuft – ihre mysteriösen Verfolger in der Außenwelt tauchen ebenfalls im Spiel auf, und flugs sind Allegra und Ted auch hier auf der Flucht durch die Levels, vorbei an weiteren Attentaten, Doppelagenten und falschen Freunden bis zum Showdown, da selbst Ted als militanter Spielgegner entlarvt und der letzte Gegner erledigt ist.

Nun, fast bis zum Showdown, denn just in diesem Moment finden alle aus dem Spiel ins Leben zurück. Wie zu Anfang des Films sitzen sie dort allesamt auf einem Podium, die komplette Belegschaft der gerade beendeten Geschichte, und setzen ihre – rein mechanischen – Spielutensilien ab. Allegra und Ted, Gas und Vinokur und alle Nebendarsteller, bzw. diejenigen, die diese Rollen im gerade beendeten Spiel mit Leben erfüllt hatten, berappeln sich langsam und plauschen über ihre Erfahrungen mit dem neuen Spiel namens transCendenZ, dessen Erfinder Yevgeni Nourish (Don McKellar) gar selber eine Rolle übernommen hatte. Diesem ist allerdings mulmig bei dem Gedanken, dass die Idee mit den Terroristen nicht von ihm gekommen ist, also einer der Testpersonen sie ins Spiel gebracht haben muss. Und recht hat er, die beiden Terroristen mit den Spielnamen "Allegra" und "Ted" springen auf und richten den Urheber.

eXistenZ, das Spiel wie der Film, zeigt sich auf der Seite der Filme, deren Phantasmagorie sich vornehmlich in der Imagination festsetzt, noch am ehesten dem Traum verwandt.[89]

---

[89] Erstaunlicher- wie erfreulicherweise hat im Zuge der eruptiven Häufung von Schein-und-Sein-Filmen das Motiv des bloßen Traums *keine* Renaissance erfahren, bietet es sich doch stets als bekanntes preiswertes Mittel an, dem Zuschauer einen Schrecken einzujagen, ohne sich dramaturgisch dafür verantworten zu müssen. Abgesehen selbstverständlich von ernsthaft verstörenden Alptraumdramen wie *Vanilla Sky* (USA 2001, von Cameron Crowe) (bzw. dessen spanischer Vorlage *Abre los ojos*, 1997, von Alejandro Amenábar), dessen technisch induzierter, um den Helden gesponnener Alltagstraum, den er am Ende durchschaut, zu individuell eingegrenzt bleibt, um für unsere Untersuchung von zentralem Interesse zu sein. – Der Begriff des *kollektiven* Traums dagegen ist

Die bisher untersuchten äußeren sowie inneren Trugbilder sind vereint zu einer material, ja massenkompatibel verwurzelten kollektiven Halluzination, die nicht zuletzt mit ihrer biomechanischen Grundlage tief aus psychoanalytischen Abgründen schöpft: Schon die so hermetisch unergründlichen wie plump organischen Game pods, in denen Assoziationen von Mutterbrust wie Plazenta ineinanderfließen und die via sogenanntem UmbyCord (deutsch etwa: NabiSchnur) ins untere Ende des Rückenmarks, d.i. des reflexionsfernsten Teil des Gehirns gesteckt werden, sowie die in den Spielszenarien so allgegenwärtigen grotesken Reptilienmutationen rühren an eine Tiefsee des menschlichen Bewusstseins, das des Nachts oder eben in der geistesabwesenden Zerstreuung des Spiels seine Dämonen aufscheucht, die sich in dieser Arena nicht mehr als Hirngespinst abtun lassen. Ist man einmal ins Spiel übergetreten, entfalten sich die Reste des Tages zu dramatischen Szenarien, deren Veranlassung den Spielenden nicht immer bewusst ist. Die real empfundene Verfolgungsangst gebiert im Spiel Gegner von allen Seiten, und ein von der Gegenseite heimlich verseuchter Game pod generiert in den an ihm Spielenden den virtuellen Handlungsstrang einer großangelegten Sabotage durch ein Virus. Das anfängliche Entsetzen Allegras, dass Elemente des Spiels nach dem Aufwachen scheinbar mit zurück in die Realität genommen werden, erweist sich bald darauf als in umgekehrter Richtung wirksam und damit zwar rational erklärbar, doch nicht weniger unheimlich: Verschärfungen der Bedrohung im Spiel-Traum wie Virusepidemie oder massives Auftreten von vorgetäuschten Loyalitäten greifen nicht etwa auf das äußere

---

um so präsenter, denn er bedeutet keine subjektive Phantasterei voll innerer Dämonen, sondern eine objektive Phantasmagorie aus realen, aber verschlüsselten Illusionsgebilden; ebenso das Motiv des *Aufwachens* als Schwelle zwischen den Realitätsebenen, dessen emblematische Exklamation statt "Es war nur ein Traum!" nunmehr lautet "Das war kein Traum!".

Leben der Spielenden über, sondern haben dort bereits ihren unerkannten Grund, der erst in der vernunftabseitigen – aber nichtsdestotrotz geistesgegenwärtigen – Verdichtung der künstlichen Parallelwelt zum Ausdruck kommt. Ein Ausdruck, den Allegra wohl noch vor dem Zuschauer zu lesen versteht; nicht nur, dass sie den Ursprung der Verseuchungsphantasie auf einen "real" sabotierten Bioport zurückführt, zusätzlich zieht sie Schlüsse über die schillernde Glaubwürdigkeit ihrer vermeintlichen Alliierten und trifft angemessene Vorkehrungen zur Gegenwehr. Womöglich unbeabsichtigt, war es doch ein cleverer Schachzug, ihre Gegner quasi zu sich ins Spiel zu locken; in einem Gemeinschaftstraum gibt es schließlich nicht nur die eigenen Geheimnisse zu entschlüsseln.

Immerhin mag Allegra als Erfinderin des Spiels eXistenZ ein gewisses Insiderwissen über die Funktionsweise ihrer Kreation verfügen, eben darüber, wie nervenaufreibend echte Traumarbeit sein kann – und wie erhellend sowie bisweilen lebenswichtig deren genaue Analyse. In der Tat ist es doch gerade ein Spezifikum des Traums, dem sich träumend erfahrenden Subjekt statt befreiender Wunscherfüllung, wie in seiner landläufig-romantischen Beschwörung, viel eher eine seltsam überirdische Fremdbestimmung zu implantieren, in der sich der Träumende im Versuch, sich freizustrampeln, immer tiefer verfängt. Erinnern wir nicht vor allem Träume, worin wir uns quasi von außen betrachten und uns, irgendeinem verborgenen Traum-Plan folgend, Dinge tun sehen, die zu tun wir uns innerlich sträuben; worin wir vor einer ungreifbaren Macht auf der Flucht sind, die uns mit allerlei absurden Begebenheiten davon abhält, ein gestecktes Ziel zu erreichen; worin wir vertrauten Personen begegnen, die sich merkwürdig indifferent und feindselig verhalten oder sich gleich als ganz Andere entblößen – und das alles gespickt mit plötzlichen Orts- und Daseinswechseln? Wo anders wenn nicht im Traum, oder halt einem sich aus Unbewältigtem und Undurchschautem sich speisenden Spiel, lässt sich so handgreiflich die Diskrepanz zwischen den ausgemalten eigenen Absichten und deren tatsächlicher Wirksamkeit nachvollziehen? Allegra scheint dies als einzige zu wissen, wenn sie Ted, der einmal entsetzt ausruft, in diesem Spiel sei er nicht Herr über sein eigenes Tun, bescheidet: ganz wie im richtigen Leben.[90] Der verzweifelte Wunsch, aus dem Spiel aufzuwachen, den Ted daraufhin hinausschreit, verpufft bei ihm – er schläft danach bruchlos weiter –, nicht aber bei Allegra. Im Gegensatz zu Ted will sie nicht etwa das Gesehene ohne Rest abschütteln, sondern das einzige einsammeln und mit zurücknehmen, was nicht von vornherein da war: Erkenntnis – gewissermaßen Traumreste für eine umgekehrte Traumarbeit, der erfolgreichen Verarbeitung des jenseitig Erlebten im Diesseits. Allegra lernt, dass die Entwindung aus einem Traumschlaf, der seine repressive bis gefährliche Seite herauskehrt, weniger mit erzwungener Amnesie dauerhaften Erfolg verspricht als die konzentrierte Deutung seiner verrätselten Manifestationen.[91] Am Ende, nach dem Aufwachen und der Erledigung der Gegner, jubelt sie in die Gegend: Habe ich gewonnen?

Wohlgemerkt am Ende von transCendenZ, nicht am Ende der Erzählung, wo das bisherige Geschehen aufgehoben und offensichtlich alle narrativen Zähler zurück auf Null

---

[90] Oder auch in dem denkwürdigen Dialog mitten im Spiel, worin Ted klagt: "Ich will nicht hier sein. Wir stolpern in dieser ungeformten Welt umher, kennen die Regeln nicht, oder wissen noch nicht mal, ob es Regeln gibt. Wir werden von Mächten angegriffen, die uns zerstören wollen, aber die wir nicht verstehen." – "Ja, das ist mein Spiel." – "Das Spiel wird aber schwer zu vermarkten sein." – "Das Spiel wird doch schon lange von jedem gespielt."

[91] Letztendlich ist die Entzifferung der materialen Spielinhalte, welche Allegra durchwanderte, nichts anderes als eine symbolische Ideologiekritik, ein Medium der Aufdeckung realer Machinationen hinter den bunt-surrealen Gebilden des Amusements.

gestellt werden. Die geschlauchten Probanden, die eben noch in einer virtuellen Geisterbahn sich tummelten, erscheinen als harmlose Spielfreaks in einer Sneak Preview, die gleich zufrieden nach Hause gehen. Allerdings hätte sich mit der augenblicklich gewandelten Modalität des Erzählten, von Echtheit zu Traumspiel, nicht dessen traumtheoretische Konstruktion erübrigt, insofern eXistenZ, als Spiel im Spiel, das die vermeintliche Realität von transCendenZ so perfekt überhöhen konnte, nun ein umso treffenderes Modell von dessen eigenen Mechanismen als Spiel abgeben sollte. In dem Gemenge von eXistenZ und (Schein)- Wirklichkeit innerhalb von transCendenZ tritt immer noch ein ausgiebiger Kommentar zum äußeren Verhältnis dieses umgreifenderen, seine eigene Verdichtung enthaltenden Spiels zu seiner echten Wirklichkeit zutage; auch in transCendenZ entfalten die − bewussten oder unbewussten − Phantasien der Mitspielenden ihre Dramatisierung, doch im Gegensatz zu Allegra entziffert der Spielerfinder zu spät den realen Grund der imaginären Bildergeschichte und wird von seinen realen Verfolgern erschossen.

Fraglich bleibt, ob dieses Ende als happy zu verstehen ist. Die hineingelegte Abrechnung mit einer den letzten Hirnwinkel durchdringenden modernen Mediengesellschaft, die mit Computerkram und ähnlichem virtuellen Feuerzauber die Konsumenten gefügig oder abhängig macht und sie damit dem realen Leben entfremdet, ist mehr als deutlich; unschwer könnte man speziell die Kritik an einem Kino herauslesen, das mit unglaubwürdig-eskapistischen Science Fiction-, Horror-, oder Fantasy-Szenarien sowie Special effects-Orgien den Menschen vom wahren Menschsein ablenkt. Allein, dies dürfte erfahrungsgemäß nicht Cronenbergs Sache sein, im Gegenteil reflektiert der Schluss eher den Umgang einiger Kritiker mit ihm und seinem Werk (bzw. dem ganzen Genre), die hinter dem vordergründigen roten Gummiorgan-Geblubber den möglichen Gedankenreichtum nicht entdecken wollen, der besonders in der abseitigen Zerstreuung Aufschluss über das wahre Menschsein geben könnte; schließlich sind schon allein im internen Spiel eXistenZ jene Mysterien, die im planen Normalraum leicht übersehen werden, in der phantastischen Verzerrung derart aufgerauht oder aufgefaltet, dass sie erkennbar daliegen. Was würde dagegen geschehen, wenn dieses Instrument der bildlich-metarealen Aufklärung verschwände, wie wäre transCendenZ ausgegangen, hätte Allegra nicht eXistenZ gespielt? Vermutlich wäre sie ahnungslos von ihren falschen Freunden erschossen worden und ihr Game pod verendet. Die beiden namenlosen "Freunde der Realität", die in transCendenZ Allegra und Ted hießen, hätten gerade aus ihrer Erfahrung mit eXistenZ lernen sollen, dass wenn die Außenwelt Probleme birgt, es sehr kurzsichtig ist, statt deren Ursprung eine Instanz zu beseitigen, die bestens geeignet ist, sie symbolisch analysierend offenzulegen: die Parallelwelt des surrealen Spiels.

Aus Spiel wird zunehmend Ernst in *The 13th Floor* (1999) von Josef Rusnak. Vorerst noch klingt es wie reiner Eros der Forschung und teure Kurzweil, wie Hannon Fuller (Armin Mueller-Stahl), Cheferfinder eines High Tech-Konzerns, seine Arbeitszeit verbringt: Im Jahr 1997 entwickelt er mit Hilfe seiner Assistenten Douglas Hall (Craig Bierko) und Joseph Whitney (Vincent D'Onofrio) – im 13. Stockwerk des Firmenhochhauses – eine komplette Computersimulation des Los Angeles von 1937, bevölkert von tausenden "elektronisch simulierten Identitätseinheiten", die, mit einer vollständigen Persönlichkeit ausgestattet, ihrem Tagwerk nachgehen – "sie denken, sie arbeiten, sie essen" – und nicht merken, dass sie sich nur in einem virtuellen Ameisenlabyrinth bzw. in den Schaltkreisen eines Supercomputers bewegen. Der Theorie nach – denn bisher hat keiner der Entwickler ihr digitales Liliput betreten – klinkt man sein Bewusstsein je nach Laune in diese Parallelwelt ein, fährt in einen nach seinem Ebenbild gestalteten Charakter hinein und führt von da an eine vorher festgelegte Zeit lang dessen altmodisches Leben, allerdings weiterhin mit der eigenen Identität; nach Beendigung des Besuchs erwacht der arme 37er mit einer Erinnerungslücke.

Eines Tages bekommt Hall Besuch von der Polizei: Fuller wurde erstochen aufgefunden, und als dessen Alleinerbe mit Alibiproblemen sei er ein Hauptverdächtiger. Mit dem plötzlichen Auftauchen von Fullers Tochter Jane (Gretchen Mol), von der bis dato niemand etwas wusste, kommt heraus, dass ihr Vater das Projekt beenden wollte – ein weiteres Motiv für den Mord, zumal einige Zeit später die Polizei einen ermordeten Zeugen präsentiert, der Hall als Täter identifiziert hatte. Einzig Hall weiß von nichts und ist noch verwirrter, als er zuhause auf seinem Anrufbeantworter eine ältere, ihm unbekannte Nachricht von Fuller findet, dass dieser in der Simulation einen Brief für ihn hinterlegt habe. Vor seiner Festnahme gelangt er noch in den 13. Stock und klinkt sich zum ersten Mal ein, wie offensichtlich Fuller schon vorher, ohne seine Assistenten in Kenntnis zu setzen. In der Simulation heißt er Ferguson, hat einen Schnauzbart und raucht. Während seiner Nachforschungen findet er Gierson, das alter ego Fullers, dessen Vertrauen Hall erstmal dadurch gewinnt, dass er ihm den Grund für dessen Filmrisse erklärt und ihn dann dazu bringt, sich zu erinnern, wem er – bzw. Fuller in seinem Körper – den Brief gegeben haben könnte; anscheinend nämlich findet bei längerem Aufenthalt im Computer eine Art Bewusstseinsosmose statt zwischen 37er Charakter und, nun ja, User. Auf Erinnerungstour in einem Nobelhotel weist Gierson auf den Barkeeper Ashton, das alter ego von Halls Partner Whitney, der misstrauisch wird und verschwindet. Hall rennt hinter ihm her und wird von Ashton gestellt und verprügelt, denn der, erfährt Hall, hat den Brief, worin Fuller seine verlorene süße Unwissenheit beklagt, in der Zwischenzeit gelesen. Seitdem steht er am Rande des Wahnsinns; er sei, nach Fullers Anweisungen, mit dem Auto aufs Land gefahren, immer weiter, über Stopschilder rüber, und habe das Ende der Welt erreicht, bzw. den Rand der Simulation, wo es ihn wie der Blitz traf, dass sein ganzes

Dasein eine Täuschung ist. Nun endlich könne er sich an einem der Verantwortlichen rächen.

Mitten im Ringkampf mit Ashton wird Hall von Whitney zurückgeholt. Verstört und von der Polizei gesucht, muss er feststellen, dass Jane, die sich mittlerweile in ihn verliebt hatte, wieder verschwunden ist. Er spürt ihr nach und findet sie schließlich unter anderem Namen in einem Vorortsupermarkt an der Kasse; nur kann sie sich nicht an ihn erinnern. Ernüchtert fährt Hall davon, und es dämmert ihm, was Fuller in seinem Brief wirklich meinte – war er doch weder an Ferguson noch an Ashton, die 37er, sondern an ihn, Hall, den 97er gerichtet. Er durchbricht einige Stopschranken und steht auf einmal selber am Strand seiner – und unserer – Welt, vor ihm nur noch ein Ozean dreidimensionaler Computerraster.

Jane, die währenddessen in ihre 97er-Figur, die Kassiererin, zurückgefunden hat, klärt ihn schließlich auf. Ihr inzwischen durchgedrehter Mann David habe in seiner – und ihrer – Zeit diese Computerwelt erschaffen, eine von vielen, und besuche sie beizeiten an seiner, Halls, Stelle. Niemand konnte jedoch ahnen, dass eines Tages die virtuellen Geschöpfe von 1997 selber eine solche virtuelle Welt entwickeln würden, und als Fuller durch den Einstieg in seine Kreation anscheinend die wahre Natur auch der eigenen Realität erkannt hatte und sie publik zu machen drohte, da lud David sich erneut in Hall runter und tötete Fuller, damit sein Projekt auf keinen Fall beeinträchtigt werde. Und er kehrte zurück, stets in den Körper Halls, um weitere Zeugen und Mitwisser zu erledigen. Im Verlauf einer Konfrontation mit Jane findet der wiederkehrende David – in Halls Körper – letztlich den Tod, mit der seltsamen Folge, dass Halls Bewusstsein, quasi freigesetzt, in seinen komplementären Körper fährt und fortan den David der echten Welt des Jahres 2024 bewohnen kann, auf dem gemeinsamen Balkon wieder-vereinigt mit dessen Frau, die in der Simulation den Namen

Jane trug, und deren Vater mit dem Antlitz Fullers, der vorne am Strand seinem Hund einen Stock wirft.

Diesseits der Schwelle zur Science Fiction im engeren Sinne, hinter die wir von nun an nicht mehr zurückgehen werden, steht *The 13th Floor* schon aus formal-dramaturgischen Gründen nahe bei *eXistenZ*: In beider Ausgangssituation gibt eine dreigeteilte, genauer: eine dreifach verschachtelte Realität sich potenzierender Aktualitätsferne den narrativen Rahmen vor. Beide Erzählungen setzen auf der jeweils mittleren Daseinsebene an – hier das Jahr 1997, dort das Spiel transCendenZ –, die sie für lange Zeit als die "echte", d.h. jene ausgeben, deren Modalität mit der des Zuschauers übereinstimmt, und innerhalb deren die Figuren in eine fiktive Realität eintauchen, worin sie gleichsam den verdichteten Konflikten ihrer äußeren Wirklichkeit begegnen und durch deren Zuspitzung innerhalb der Parallelwelt bis dahin Verborgenes über ihre eigene erfahren.

Ferner warten beide Erzählungen mit dem Schlussgag auf, dass diese bislang vermeintliche wirkliche Welt der narrativen Gegenwart und mit ihr der liebgewonnenen Personen sich selber als virtuelle enthüllt, als Erfindung innerhalb einer "wirklichsten" Realitätsebene – die, wie *13th Floor* zeigt, als narrative nicht unbedingt mit der historischen Gegenwart des Zuschauers zusammenfallen muss –, dazu von exakt gleicher Art wie die in ihr Enthaltene, welche sich nun selber als Simulation zweiter Potenz enthüllt. Beide Filme präsentieren als Grundlage eine künstliche Realität, die in sich selber eine weitere quasi nach ihrem Ebenbild erschafft, in Konfrontation mit welcher die Protagonisten gleichzeitig die kausalen Beziehungen zwischen ihrer heimischen Fiktion und deren realer – im finalen Überraschungsmoment gewissermaßen hyperrealer – Basis erhellen. Wie der Galeriebesucher in dem bekannten Bild von Escher betrachten die Figuren das Gefüge ihrer Umgebung in einem Gemälde an der Wand, welches gleichzeitig – an einer Ecke quasi ins Umfassende auslaufend – den zur Leinwand kristallisierten Pol ebendieser die Galerie und den Besucher enthaltenden Umwelt darstellt; gewissermaßen stülpt die Welt in sich ein Miniaturselbstbildnis aus, woran die in ihr sich tummelnden Menschlein vor sich anschauen dürfen, wie es um sie herum bzw. aus der Vogelperspektive mit ihnen drin so aussieht.

Interessanter allerdings sind die kleinen Unterschiede, etwa in der Verfügungsgewalt der Probanden über ihre Vorstellungslandschaften. In *eXistenZ* mögen sie vom Programm Gängelung erfahren, die Entscheidung über Ein- und Austritt aus ihrer Halluzination geben sie nicht preis. Selbst in der träumenden Entäußerung bleiben sie gleichsam bei sich, halten ihr Bewusstsein – mittels Game pod – wie ein Haustier auf dem Schoß. Nicht so Fuller und seine Kollegen: Die müssen sich auf eine Art Bahre oder Sofa legen und ihr Bewusstsein an den Rechner und dessen autonomes Innenleben übergeben, in dem die kleinen digitalen Lebewesen rund um die Uhr, auch wenn keiner zukuckt, an ihrem Dasein bauen. Die Aufwachzeit wird per Timer voreingestellt, und solange die nicht eintrifft (oder manipuliert wurde), sind sie dort "unten" gefangen; dies insofern, als die, im Rahmen der quasi ontologischen Grenzen, gewohnte Bewegungsfreiheit, die sie – im Gegensatz zu eXistenZ – als Figur in der Simulation erwartet, von der verweigerten Freiheit aufgewogen ist, vor Ort über die Dauer des Aufenthalts in ihr zu entscheiden.[92] Wenn das Spiel eXistenZ

---

[92] Ganz zu schweigen natürlich von den autochthonen 37ern (und schließlich auch den 97ern), die, einmal die Natur ihres flüchtigen Daseins durchschaut, gar nicht damit rechnen können, es in Richtung eines substantielleren zu verlassen. Wobei, wie erzählt wurde, diese Figuren, mit ihrem "normalen" fiktiven Charakter, durchaus unplanmäßig in die nächstwirklichere Ebene fahren können; allerdings nur in dem Fall dass ihr Körper, wenn sie gerade von "ihrem" Spieler – so es einen gibt – "besessen" sind, stirbt. Da allerdings während solcher Besuche ihr Bewusstsein abgeschaltet ist, gibt es für sie nur einen zufälligen, keinen intentionalen Ausweg.

eher die fundamentale Alternative unter einer jeden traditionalen Klassenherrschaft illustriert, entweder widerstrebend deren vorgezeichnete Erwartungen zu erfüllen, um sie auf irgendeine Weise zum eigenen Vorteil umzubiegen, oder aber sich ganz aus ihr zu verabschieden bzw. sich gegen sie zu wenden, dann vermittelt Fullers (i.e. eigentlich Davids) Programm die Erfahrung jener speziellen postmodernen Freiheit der Schwerelosigkeit, in der alles möglich ist außer einem festen Halt: Man kann dort alles machen, nur nichts dran ändern.

Damit hängt zusammen, dass in *eXistenZ* die handelnden Personen, die sich am Ende als traute Spielerrunde herausstellen, durch alle ihre Personifizierungen und Level hindurch wissen, dass sie an einem Spiel teilnehmen; von dieser finalen Enthüllung ist nur der Zuschauer überrascht, der sich schon in transCendenZ auf dem Boden der Tatsachen wähnte. Die Spieler selbst haben ihre eigene Überraschung, als die vordem geschätzten Mitspieler sich als Attentäter entlarven, doch selbst diese – zu späte – Erkenntnis des Erfinders Nourish über die Bedeutung des Spielinhalts, dass das dramatische Motiv des Terrorismus auf Terroristen unter der Spielern hinweist, ist weniger schockhaft-erschütternd als nüchtern entschlüsselt. Durch alle Spielebenen hindurch behalten die Akteure die Initiative, selbst noch in der Reibung an den implantierten narrativen Kräften entwickeln sie einen internen Angriffspunkt im heteronomen Programm. Gerade in der Dramatisierung des intentionalen Einschlafens, Träumens und Aufwachens spielt das Motiv des kalkulierten, gleichsam bewusstseinserweiternden Wegtauchens, und damit ebenso des Konflikts zwischen der Spontaneität des Spielenden sowie der symbolisch-dramatischen Fesselung durch den programmierten Spielfortgang, eine Hauptrolle; die erlebte Parallelwelt ist von vornherein alles andere als eine Täuschung, womöglich im Gegensatz zur wirklichen, deren Verborgenheiten man nicht zuletzt in jener auf die Spur kommt. Gruselig wird nicht dass, sondern was man träumt.

13th Floor dagegen lässt die Eingeborenen beider Simulationsebenen, 1937 und 1997, in Unkenntnis über die wahre Natur ihres Seins, um sie dann der vollen Wucht des metaphysischen Schocks auszusetzen, dass ihre vertraute Welt nichts als eine Computerfassade ist. Noch dazu eine, die nicht wirklich ein unverfälschtes Dahinter verbirgt und daher nicht mal als mieser Trick eines bösen Gottsubjekts anzuprangern ist – jenseits seiner digitalen Umgebung darf der Bewohner weder wahre Verhältnisse noch richtiges Leben erhoffen, sondern einzig das reine Nichts. Die ungerichtete Erschütterung der mit Wissen geplagten virtuellen Bewohner darüber, dass einerseits der eigene erlebte und erlittene Lebensumkreis keineswegs zumindest aus der Not, stattdessen schlicht zur Belustigung des Schöpfungsteams erschaffen wurde, und dass andererseits diese vermeintliche Lügenwelt mit ihrer Beseitigung noch nicht mal eine höhere Wirklichkeit zum Vorschein kommen ließe, sondern einfach folgenlos ins Leere verpuffte, entlädt sich im Zorn des 37ers Ashton, der Fullers Assistenten Hall windelweich prügelt, unklar ob dafür, dass dessen Team sein unwirkliches Dasein erschaffen hat, oder dass er darüber hinaus ihm Anlass gab, über dieses Faktum aus der segensreichen Ignoranz zu stürzen.

Denn der existentiale Paradigmenwechsel greift bei den 37ern wie den 97ern tiefer als noch bei Joe Ross, bei Truman Burbank, bei Nicholas van Orton oder dem Zollinspektor von *Usual Suspects*; diesen blieb, als ihr fiktionaler Horizont wie eine windschiefe Kulisse um sie herum zusammenfiel, stets noch der solipsistische Ausweg, in ihre letzte, uneinnehmbare Bastion, ihr kompaktes und selbstidentisches Ich, sich zurückzuziehen. Das existentialistische Subjekt, das sich einer scheinhaft-sinnlosen Welt gegenübersieht, hat zuletzt den Trost, autonomes Subjekt zu sein, das sich in eben dieser Abgrenzung noch als solches verzweifelt bestätigt. Die aus der Unwissenheit vertriebenen Computerkreationen Davids, des "echten" 2024ers, müssen sich dagegen dieser Letztversicherung beraubt sehen, denn bei ihnen besteht das zweifelnde Individuum aus demselben Stoff wie seine Umgebung, gewissermaßen aus interkonnektierten Schaltkreisen, und würde sich bei Abschaltung zusammen mit ihr verflüchtigen – wie ein Gesicht aus Sand.[93] Das postmoderne Konzept des Subjekts als Knotenpunkt sich überlagernder Machtstrukturen ohne individuelles Substrat erreicht hier höchste Anschaulichkeit, und ebenso deren fundamentale Immanenz und Ausweglosigkeit. Im Miniatur-L.A. zeigt sich der diametrale Gegensatz zwischen der sogenannten Postmoderne, welcher man gerne das Etikett eines Neoexistentialismus anpappt, und dem klassischen Existentialismus. Gegenüber diesem – aus existentialer Nausea gespeisten spontanen Aufbegehren gegen eine äußere Sinnleere – zermürbt sich die postmoderne Nausea im Zwiespalt zwischen dem Wissen um die bodenlose Kontingenz des Daseins, manifestiert im jederzeit und per Handstreich spurlos löschbaren Computerprogramm, und der Unmöglichkeit, wenigstens eine persönliche Existenz jenseits dieses Scheins zu definieren. Im Existentialismus sind es die äußeren Zusammenhänge und bisherigen Sicherheiten, die sich vor unseren Augen auflösen und uns gerade darin auf uns selber zurückwerfen, in der Postmoderne hingegen wäre es das prekäre, an der Gnade seiner konstitutiven Mächte hängende Subjekt, das sich zuallererst auflöst, sobald die Außenwelt aus den Fugen gerät. Das Cartesische cogito ergo sum, seitdem Rettungsanker jeder kritischen Philosophie, verschwimmt in dieser sprichwörtlichen Beliebigkeit zum Klagelied: Dass ich denke, heißt noch lange nicht, dass ich bin. Das postmoderne Bewusstsein, so merkwürdig oszillierend zwischen zynisch-heiterem Bescheidwissen und nahezu panischer Affirmation

---

[93] Die erwähnte Ausnahme jener selektiven Seelenwanderung, die es den Computerwesen ermöglicht, im Tod ihres Besetzers den leeren Platz dieses quasi gefallenen Engels auf einer Stufe höherer Realität einzunehmen, soll hier nicht interessieren, zumal wie gesagt diese Ausnahme ihrer Entscheidung entzogen ist.

der Verhältnisse, versinkt in Fullers Brief in Melancholie und kommt in der blinden Raserei Ashtons zur Explosion: Ich weiß, dass alles Trug ist, aber ich kann nichts dagegen tun, ohne mich selbst abzuschaffen. Sinnigerweise trifft sie mit Hall jemanden, der nicht viel dafür kann.

Jenseits dieser virtuellen Weltpanoramen, wieder auf der "realen" Seite der großen Achse zwischen *The Truman Show* und *The Matrix*, steht *Dark City* von Alex Proyas (Idee & Regie, 1997). Die Geschichte beginnt wie eine Mischung aus Film noir und Kafka, in einer Stadt zwischen Chicago 1930 und Metropolis: John Murdoch (Rufus Sewell) erwacht in einem Hotelzimmer und entdeckt auf dem Bett eine ermordete Hure, hat aber keine Erinnerung an sich oder an sein offensichtliches Verbrechen. Da klingelt das Telefon, am Apparat ein Dr. Schreber (Kiefer Sutherland), der sich als Arzt ausgibt und ihm zuflüstert, aufgrund eines schiefgegangenen Experiments habe er sein Gedächtnis verloren, doch jetzt müsse er sofort fliehen, man sei ihm auf der Spur. Entsetzt und hilflos sucht Murdoch das Weite, und kurz darauf marschieren merkwürdige dünne, bleiche, in schwarze Mäntel und Hüte gekleidete Wesen auf sein Zimmer zu.

Unten in der Hotellobby fällt ihm nur am Rande auf, dass alle Anwesenden schlafen und gerade erst aufwachen, als er, wenige Sekunden nach Mitternacht, aus dem Haus stürzt. Auf seiner Flucht entdeckt Murdoch, dass er plötzlich über telekinetische Kräfte verfügt, mit denen er feste Gegenstände in ihrer Gestalt verändern kann, wie z.B. in Mauern Fluchtwege sich öffnen lassen und wieder schließen; außerdem stößt er auf eine geheimnisvolle Dame (Jennifer Connelly), die ihm flehentlich klarzumachen versucht, dass sie seine Frau Emma sei. Nach und nach setzen sich in seinem Kopf Erinnerungen an eine glückliche Kindheit in der paradiesischen Strandsiedlung Shell Beach zusammen, nach welcher er fortan auf der Suche ist, sei's als Fluchtpunkt, sei's um seine volle Vergangenheit wiederzuerlangen. Doch wen er auch fragt, jedem ist Shell Beach geläufig, doch es fällt ihm momentan der Weg dorthin nicht ein.

In der Exposition allerdings, ein wenig mit der Tür ins Haus fallend, hatte jener Dr. Schreber dem Publikum bereits erklärt was los ist. Eine sterbende Rasse von Außerirdischen will, um ihr Überleben zu ermöglichen, der Seele des Menschen auf die Spur kommen und hat zu diesem Behuf eine losgelöst im Weltraum schwebende Versuchsstation mit der Replika einer irdischen Stadt errichtet sowie Menschen hineingesetzt, um deren Verhalten zu studieren. Die Außerirdischen besitzen zusätzlich die Fähigkeit zu "tunen", d.h. per Gedankenkraft feste Körper derart in ihrer Gestalt und Konsistenz zu formen, dass sich damit jede mögliche Realität herstellen lässt. So halten sie jede Nacht um Punkt zwölf die Uhr an, sie frieren das Stadtleben ein und lassen jeden Einwohner einschlafen, um Straßen, Häuser, Wohnungs-einrichtungen sowie sozialen Status der Menschen nach Gusto zu verändern und damit immer neue Situationen zu schaffen, worin die Substanz des Menschseins sich darlege. Der halbwegs reuige Dr. Schreber gesteht dem Publikum (und später Murdoch), dass er, als Mittler zwischen Alien und Mensch, um des Überlebens und einer konstanten Identität willen seine Artgenossen verraten habe. Nun ist er derjenige, der jede Nacht während der Metamorphose den humanen Versuchstieren ein passendes Bewusstsein und fiktive Biographien in den Kopf spritzt, um die Versuchsanordnung in Gang zu setzen.

In Murdochs Fall ging es ihnen darum zu sehen, ob ein unbescholtener Mann, dessen Gewissen man mit einer Reihe von Morden belastet, selber zum Mörder wird. Egal, denn Murdoch schlägt aus der Art; seine sogenannte Prägung geht schief, und statt mit falscher erwacht er mit gar keiner Identität. Aus rätselhaften Gründen besitzt er zusätzlich dieselbe Gabe des Tunens wie die Außerirdischen, dazu schläft er um Mitternacht nicht mehr ein wie alle anderen, beobachtet stattdessen atemlos die architektonischen

Veränderungen um ihn herum; er ist leibhaftig Zeuge, wie vor ihm Gebäude im Boden versinken und andere in die Höhe schießen, zusammenschrumpfen und sich aufblähen wie ein riesiger Organismus, wie sie bruchlos ihre Fassade und Inneneinrichtung verändern vom Arbeiterwohnklotz zum herrschaftlichen Anwesen. Und Murdoch entdeckt Versuche, seine Erinnerungsfetzen nachträglich aufzufüllen: mit ausgedachten Onkeln oder gefälschten persönlichen Tagebüchern, die vorher nicht da waren. Auf seltsame Weise jedoch wirken seine Gedächtnislücken weniger als Defekt denn als Segnung bzw. als Chance, quasi durch sie hindurch hinter das Gespinst herrschaftlicher Bewusstseinsproduktion zu blicken; in der Folge verzichtet er lieber auf eine Kindheit, als dass er sich, wie alle anderen, an falsche Identitäten erinnert. Fast panisch klammert sich Murdoch an die anarchische Skepsis einer tabula rasa, um nicht der Verlockung eines anheimelnden integralen, aber funktional-heteronomen Langzeitgedächtnisses anheim zu fallen.

Die zwischendurch leidlich alberne Handlung zwischen Kolportage und Effekthascherei, mit umherfliegenden Aliens und wilden telekinetischen Duellen, sei übersprungen; am Ende gelangt Murdoch in die unter-"irdische" Kommandozentrale der Außerirdischen, eine Art Staatsratssitzung voller Nosferatus, und zerstört sie per Gedankenkraft. Derart befreit, tritt er aus der Stadt hinaus und erschafft ein Meer drumherum, eine erstmalig aufgehende Sonne und Shell Beach in Sichtweite. Und gleich neben ihm steht Anna, eine schöne Unbekannte, die in einem früheren Leben Emma hieß; gemeinsam gehen sie nach Shell Beach.

Mit *Dark City* haben wir den Umkreis der narrativ bzw. technisch-medial vermittelten trugbildnerischen Imagination verlassen und sind wieder auf dem Boden der manifesten Täuschung angelangt. Doch nicht ohne von dort etwas mitgenommen zu haben: Im Gegensatz zu den festgesponnenen Intrigen von *Spanish Prisoner* und *The Game*, die wenn nicht das Gefüge von Vertrauen, Loyalität und Identität, so doch die physische Realität intakt ließen, waltet in der dunklen Stadt der selbstherrliche Zugriff des Erzählers oder Programmierers auf alle Parameter, so gegenständlich sie sein mögen. Wie per Schieberegler werden weniger Marionetten als vor allem größere Massen Materie verschoben, gestaucht und gestreckt, Gegenstände erscheinen oder verschwinden wie per Mausklick und situieren die gleichsam immer wieder neugeborenen Einwohner in einer ebenso neuen Umgebung, die sie ihrer jeweiligen ad hoc-Persönlichkeit gemäß als je schon existent annehmen – sofern sie nicht wie unser Held an existentialer Schaflosigkeit leiden.

Diese unfreiwillige Wachsamkeit Murdochs, die ihm den metaphysischen Schock beschert, dass alles, was ihm seine Anschauung als naturwüchsig, konstant und selbstevident unterschiebt, in Wahrheit der taktischen Planung eines Schöpferkollektivs unterworfen ist, hatte ihre Initialzündung in der Verwunderung, inmitten von vielleicht kaputten, aber subjektiv intakten Menschen aufzuwachen, die sich mit schlafwandlerischer Routine in einer Wirklichkeit bewegten, die ihm als großes Fragezeichen begegnete. Der Zweifel an der eigenen Verlässlichkeit verlagerte sich dann auf diejenige seiner Umgebung in dem Masse, wie die Erinnerungslosigkeit ihn zwang, eigenmächtig Kontinuitäten zu suchen und also stutzig zu werden anhand der Indizien, die auf den Versuch hindeuteten, ihm eine künstliche Biographie einzupflanzen. Murdochs vermeintliche Amnesie erweist sich in gewissem Sinn als ihr Gegenteil, als Gedächtnis-verweigerung anstatt eines Gedächtnisverlustes, als Abstoßungsreaktion gegen fremden Eingriff in seinen Identitätshaushalt, und wie zur Bestätigung lässt ihn die Kultivierung eines eigenen, die nächtlichen Metamorphosen überdauernden Kurzzeitgedächtnisses die Willkür hinter den täglich wechselnden situationskonformen Langzeit-gedächtnissen ermessen. Zurückgeworfen auf seine monadisch-subjektive Integrität erlernt Murdoch einen handfesten Begriff realitätverschleiernder Ideologie –

verstanden als von außen injiziertes Bewusstsein, das die jeweilige gesellschaftliche Existenz als selbstverständlich sowie durch die vermeintlich weit zurückreichende Entwicklung beglaubigt erscheinen macht – als Voraussetzung dafür, das aktuelle Forschungsszenario am Laufen zu halten.

Doch es bleibt ihm wenig Zeit, sich zu zermürben wie jene Nebenfigur des Polizisten, der ebenfalls wissend und darüber in seinem Kämmerlein verrückt geworden ist. Murdoch wird verfolgt, hat also notgedrungen ein Ziel. Wie eine fleischgewordene sokratische Kritik stolpert er durch die abgerundeten, konsistenten und sich selbst bestätigenden Lebensgeschichten seiner Mitmenschen und bringt mit von seiner geradezu kultivierten Amnesie aufgeworfenen Fragen – Wie kommt man nach Shell Beach? Warum wird es nie hell? Erinnern Sie sich an gestern? – die Porosität hinein, die letzten Endes einige Ich-Gebäude – und größere – zusammenstürzen lässt. In Dark City wie anderswo sind die kalkulierte Askese gegenüber von oben oktroyierter Ganzheit sowie die Immunität gegen den saisonalen Wechsel der weltanschaulichen Moden der beste Weg, dereinst den stummen Teufelskreis immerwiederneuer Lügen zu durchbrechen und die Welt in Sonnenlicht zu tauchen. Aufklärung heißt auf Englisch enlightenment.

Verglichen mit *13th Floor* ist dies ein Ansatz von echter Emanzipation, insofern dort der Held glücklich und vereinzelt aus der Affäre gezogen wurde, während seine zurückgelassenen Lebensgenossen in ihrem virtuellen Terrarium wie bisher weitermachten oder, es bleibt unerzählt, mit diesem spurlos verschwanden. In Dark City sind die Menschen so wirklich wie die Gebäude um sie herum, einzig dass wiederkehrend an ihrer Substanz herumgespielt wird; im Gegensatz zu den reinen Digitalwesen vom 13th Floor besitzen sie als Wesen aus Fleisch und Hirn einen, sagen wir: der Entfremdung ausgesetzten autonomen Kern, der in Murdochs "Amnesie" das erste Mal an die Oberfläche kommt und dessen Anspruch er von da an nicht mehr verdrängen kann. Ferner bleibt die administrative Täuschung nicht auf Murdoch beschränkt, alle um ihn herum haben das selbe Problem, nur dass sie nicht wie jener von der nötigen Selbstreflexion niedergestreckt wurden, um ihr Dasein am Gängelband durchschauen zu können; es verschwindet gar die ursprüngliche misstrauische Distanz zu seinen Mitmenschen in dem Maße, wie Murdoch sie weniger als Verschwörer denn als Mitleidende erkennt.

Am Ende befreit Murdoch anhand seiner selbst die ganze Spezies. Mit den anscheinend von den moribunden Außerirdischen übernommenen Kräften stiftet er allen eine lebbare Umwelt mit Meer, Sonnenlicht und einem Strandparadies, und die Menschen, so steht zu vermuten, überlässt er in Ermangelung einer rekonstruierbaren originalen Historie ihren derzeitigen künstlichen Erinnerungen, im Vertrauen darauf, dass sie ihnen dereinst durch Eingewöhnung von zweiter Natur zur ersten werden. Genauso er selber; durch den Wegfall der Fremdherrschaft von allem Makel der Ausnutzbarkeit gereinigt, nimmt auch Murdoch die Reste seiner letzten Prägung an und erschafft sich und allen anderen mit Shell Beach eine fiktive Heimat, die möglicherweise durch steten Gebrauch zu einer realen werden kann – d.h. eine Heimat, die im wahrsten Sinn des Wortes in die Kindheit scheint und wo noch niemand war.

Und doch ist Murdochs Emanzipation von anderer Art als Trumans war, sie ist kein Epochensprung aus verschleierter Ausbeutung hinüber in wahre Verhältnisse, eher noch die Abschaffung oder Übernahme der Herrschaft innerhalb einer in ihrer Fungibilität unveränderbaren Welt. Die überirdische Kraft der Formung ist da, nur befindet sie sich am Ende im Besitz der Vernunft, und die einst zur ideologischen Zurichtung gezüchteten Kindheitsvisionen, an deren realer Ausfüllung kein Interesse bestand, sind nun ihres funktionalen Charakters entledigt und dafür als Ideale verwirklicht. Ebenso wie im Falle von Douglas Hall, doch aus ganz anderen Gründen, ist Murdoch als existentialistischer Held gleichsam nur ein halber: Wo jener zuerst das unfassliche, sinnferne Nichts jenseits seiner Scheinwelt gewahrte, ihm aber, insofern seine digitale Lebenswelt eines Begriffes der substantiellen Autonomie des Subjekts entbehrte, jegliche Grundlage eines spontanen, sinnschaffenden Aufbegehrens entzogen war, hatte dagegen Murdoch hiervon genug. Der wiederum entdeckte durch den großen Vorhang seines geregelt chaotischen Großstadtlebens hindurch nicht etwa die blinde Sinnlosigkeit, sondern im Gegenteil ein Uhrwerk aus fast wissenschaftlicher Planung und dirigistischer ratio – d.h. eine hinter der natürlichen Zufälligkeit verborgene voluntaristische Daseinsorganisation, deren er sich zuallererst entledigen musste, um den allgemeinen Trott nach Vorgabe eines menschlichen Maßes zu gestalten. Hier wie dort geht es um die schockhafte Transparenz gesellschaftlichen Scheins, doch wo man *The 13th Floor* als Dramatisierung der Legitimations-krise emanzipativer Anstrengungen im postmodernen Bewusstsein charakterisieren mag, da beschreibt *Dark City* eher die Knechtung sowie die Überwindung einer Gesellschaft herkömmlich staatssozialistischer Prägung, worin eine privilegierte Clique nach Gutdünken ihr Herrschaftsgebiet in Szene setzt und als produktive Grundierung dem Volk poetische Sehnsüchte wie dem Esel eine Möhre vor die Nase hält,[94] – und deren adäquate Überwindung vielleicht darin

---

[94] Zusätzlich ist selbst das Diktat öffentlichen Bewusstseins im verblichenen Sozialismus als eine Art Ideologie, insofern Parolen und Geschichtsbilder vorgegeben wurden, ohne deren unkritische Inhalation der Laden nicht gelaufen wäre; was er ja auch letztendlich nicht tat. Trotzdem erschöpft das Phänomen des Ideologischen sich keineswegs in Werbetafeln an ostdeutschen Überlandstraßen mit so tautologisch-dadaistischen Ergüssen wie "Die Lehre von Marx ist wirklich, weil sie wahr ist", seine Substanz dagegen liegt ja gerade darin, das transparente Schmiermittel der Gesellschaft zu sein – eben das, was man nicht sieht. Und erst da, wo die Ideologie nicht mehr hinreicht, tritt Propaganda auf den Plan.

gelegen hätte, wie Murdoch die zu Folklore und Mantra herabgesunkene tradierte Vision eines versöhnten Daseins mit den vorhandenen und nur mehr zu usurpierenden Mitteln durchzusetzen. Wozu die Herren von Dark City selber eine Geheimwaffe geschaffen hatten – ihre bis dahin vorgegaukelten utopischen Kindheitsträume, die Murdoch nur noch ernst nehmen musste: Statt sich in der Sicherheit einer glücklichen Biographie zu wiegen, setzte er alles daran, sie erstmals zu verwirklichen.

Doch selbst wenn es übereifrig scheinen mag, in solcher Art Deutung historisch-politische Namen zu nennen, zeichnet sich unterm Strich der bisher verhandelten Filmwerke ein bereits skizziertes allgemeines Bild ab: die Thematisierung eines umfassenden lebensweltlichen Scheins, der in einem Schock der Erkenntnis durchschaut und zum Teil durchbrochen bzw. aufgelöst wird. Dass dieser Plot twist quer zur psychosozialen Entwicklung steht, die eben im Begriffe ist, auf der historisch erreichten ideologischen Definitionshoheit sich auszuruhen, wurde oben angedeutet. Daher stellt sich die Frage, warum überhaupt – und warum jetzt? In der Geschichte des Kinos gab es eindeutig Perioden, da das öffentliche Bewusstsein einem revolutionären Umsturz oder auch nur einer systematischen Infragestellung der Verhältnisse gewogener war als jetzt, um nicht zu sagen, dass in den seit dem Mauerfall vergangenen Jahren das Interesse an gesellschaftlicher Systemkritik so verschwindend war wie vielleicht seit 1871 nicht mehr. So waren im Westen die Jahre grob um 1970 herum durchaus gesättigt mit Filmen aufrührerischer Natur bzw. revolutionären Anspruchs jeder Art[95], doch ging es meist um die Überwindung diktatorischer

---

[95] Von *Weekend* bis *Viva Maria*, von *Zabriskie Point* bis *Themroc*, von *Queimada* bis *Flucht ins 23. Jahrhundert*, von *Teorema* bis *Eroberung vom Planet der Affen*. Interessanterweise waren die Filme desto unverblümter in ihrem Anliegen, je weiter sie in den Bereich des Trivialen bzw. des Kommerziellen ragten.

oder struktureller, aber stets identifizierbarer (d.h. meist vorbürgerlicher) Herrschaft; die Auflösung ideologischer Verblendung durfte ausgelassen werden, da jedermann wusste, wo der Feind steht, in den Metropolen wie in der Peripherie.[96] Heutzutage sind diese Gewissheiten über Unterdrückung und Ausbeutung bestenfalls verschwommen, was wiederum den Boden bereitet für eine sinnfällige Klärung ihrer philosophischen Grundlagen, welche der einstige Aktivismus als Allgemeinwissen blind voraussetzte.[97]

Zur Vergegenwärtigung dieses Anspruchs bietet sich an, auf die Kernthese der Benjaminischen Theorie mechanisch reproduzierbarer Kunstwerke und speziell des Films zurückzugehen, dass nämlich, – wie oben genannt und stark verkürzt –, im Rahmen der technisch-industriellen Entwicklung auch die Kunstproduktion zum kommerziellen Massenmedium industrialisiert und standardisiert wurde, im

---

[96] Kein Wunder also, dass Fassbinders *Welt am Draht* von 1973, der damals schon von computergenerierten Scheinwelten erzählte – und ganz nebenbei frappierende Übereinstimmungen mit *The 13th Floor* aufweist –, so allein blieb. Niemand wollte sehen, was er ohnehin wusste – dass wir alle sinnlich-manifester Manipulation unterworfen sind. Und was man nicht mit eigenen Augen gesehen hat, lässt sich Jahre später, wenn die letzte Eroberung vom Planeten der Affen gescheitert ist, umso glatter selber als Irreführung verdrängen.

[97] Wohlgemerkt, um nicht missverstanden zu werden, der Aktivismus, wie er sich in der Popkultur und der ihr assoziierten Handlungssphäre manifestierte; keineswegs soll damit der zeitgenössischen Gesellschaftstheorie eine strukturelle Unreife unterstellt sein, weil das Gegenteil der Fall war. – Im übrigen ist bemerkenswert, dass zeitgleich mit dem hier behandelten Komplex popkultureller Produktion, wenn auch wohl mehr in Koinzidenz als in Absprache, mit der Globalisierungskritik die meiner Übersicht nach erste Protestgeneration seit dem ZweitenWeltkrieg auf den Plan trat, deren Zentralanliegen auf ausdrücklich ökonomischer Argumentation beruht.

Gegenzug aber – insbesondere in ihrer avanciertesten Gestalt, dem Film – sie gleichzeitig dem Zuschauer das apperzeptive Rüstzeug mit auf den Weg gab, der voranschreitenden modernen Dissoziation, Vermassung und Entfremdung auf gleicher Höhe zu begegnen und sie womöglich auszuhebeln bzw. für seine Belange einzuspannen. Dass diese Erwartungen so nicht eingetroffen, eher noch ins Gegenteil umgeschlagen sind, wie Horkheimer und Adorno kritisierten, heißt jedoch nicht, dass die technische Entwicklung des Films nach der erreichten Kolonisierung der Gedankensphäre des Massenpublikums auf jener Stufe stehengeblieben und damit die Sache ein für allemal geklärt wäre – gerade der kapitalistische Drang, immer wieder neue Sensationen hervorzubringen, trieb die Filmtechnik vor sich her und ließ sie ständig erneuerte Geräte, Formate und Special effects erfinden, um eine noch perfektere Illusion, eine noch weitere Bandbreite des Darstellbaren zu erschaffen – wovon wiederum der ästhetische Gehalt des Films nicht unangetastet bleiben konnte.

Mit wachsender Reichweite der visuellen Manipulation schwand das Vertrauen in das nüchtern dokumentarische, d.h. entauratisiert realitätabbildende Potential des Films, gleichsam seine facies hippocratica, die nicht nur Benjamin für eine seiner progressivsten Eigenschaften hielt. Das Vokabular des Vermittelbaren wuchs, doch nur unter proportionaler Abnahme der Glaubwürdigkeit des Anspruchs, ausschließlich reale Personen und Begebenheiten abzubilden; nach und nach, als parallel dazu die Schlote nicht mehr so rauchten und die Angestelltenkultur ihr flanellgraues Haupt erhob, löste die sich verfeinernde Filmtechnik ihre einst hoffnungstiftende Affinität zur maschinell-technischen Strukturierung des menschlichen Erlebnisraumes und emanzipierte sich zu einem ästhetischen Kosmos sui generis. Gewissermaßen war die Filmindustrie im Begriff, ihrem Objekt den materialistischen Rest auszutreiben und damit den letzten Sieg über das kritisch-alerte Publikum davonzutragen, indem sie es mit der Unterhaltsamkeit fiktiver Wirklichkeiten über den Tisch zog.[98]

Die finale Stufe dieser Entwicklung, der Einzug digitaler Computertechnik in die Filmproduktion, bedeutete vorerst den Todesstoß für den bisherigen inhärenten Vorsprung fotografischer Medien auf dem Feld der exakten Repräsentation von Realität. Lange vorher mag es bereits das Instrument der fotografischen Retuschierung gegeben haben, erst seit einigen Jahren jedoch ist es möglich, auch den Film – in seiner digital produzierten bzw. reproduzierten Form – auf molekularer Ebene zu manipulieren: Jedes Pixel, die kleinste Informationseinheit des Bildes und damit das digitale Äquivalent zum Korn der Emulsion eines (analogen) Zelluloidstreifens, ist einzeln anwähl- und aus einer Palette von Millionen Farben belegbar, und damit der gesamte Bildinhalt unbegrenztem Zugriff unterworfen, d.h. in jeder erdenklichen Richtung modifizierbar. Die Windeseile, in der heutzutage ein fotografisches Bild hergestellt und nach Gusto in ihm herumgespielt werden kann, degradiert die Dokumentarfotografie aller Art zu einer Disziplin ohne materiale, nur noch mit konventionaler Legitimation; doch wo inzwischen selbst unscheinbarste und durchweg realistisch erscheinende Filme sich am Computer geradebiegen und anhübschen lassen, so klagen Puristen, da habe das Kino seine

---

[98] Hierbei ist natürlich ausschließlich die ästhetische Struktur des filmischen Bildes gemeint. Die filmhistorischen Anstrengungen, die eben versuchten, der schleichenden materialen Emanzipation desselben eine gesteigerte dokumentarische Wahrheit in der Narration oder auch eine ernsthafte utopische Allegorisierung entgegenzusetzen, seien damit nicht infragegestellt. Umgekehrt konnte auch der frühere dokumentarische Charakter des Bildes – verstanden als Verbürgung, dass das, was man in ihm sieht, sich mehr oder weniger in der Form vor der Kamera abgespielt hat – das Publikum nicht vor einer Unzahl realitätsferner Dramolette bewahren.

Seele verkauft und funktioniere nur noch als hohle Industrienorm und dem Kommerz gefälliges Spiel.

Andererseits kursierte seit Anbeginn der Fotografie auch jener Abbild-Skeptizismus, der im bekannten Satz von Brecht gipfelte, das Bild von einer Bank gebe nichts von deren ökonomischer Rolle wieder; so ließe sich auf dieser Linie weiterargumentieren, dass es für die Fotografie und speziell den Film ein Segen sei, endlich aus der Verhaftung in trügerisch aufscheinender Realität entlassen zu sein, um deren wahrer Substanz, die nur in abstrakterer Begrifflichkeit zu ermessen ist, mit entsprechend autonomeren Instrumenten beizukommen. Es lohnt sich die Frage, ob mit der elementaren Abbildlichkeit des filmischen Bildes wirklich dessen Kontakt zur abbildbaren Realität ausgestorben ist. Möglicherweise hat die Kinematographie potenzierter Selbstgenügsamkeit einen Draht zu einer entsprechend lichtferneren Ebene der Wirklichkeit freigelegt, welche ebensowenig in ihrer sichtbaren Oberfläche zu adäquatem Ausdruck kommt, wie jene als nacktes Dokument der Äußerlichkeit sich erschöpft. Letztendlich basiert die gesamte Theorie der Ideologie auf der Annahme, dass die Dinge sich nicht so verhalten, wie sie sich uns so scheinbar interesselos geben,[99] sondern ihre wahre Natur als Ausdruck struktureller Macht- und Herrschaftsverhältnisse hinter dem Schleier barer Tatsächlichkeit verbergen. Insofern kann man die alte, mechanisch registrierende Fotografie durchaus als nichts weiter als eine positivistische Verdopplung des Scheins bezeichnen, die ohne

---

[99] Dass z.B. der Fetischcharakter der Ware nicht auf einem ihr inhärent zugehörigen Wert, sondern auf einer durch ihre ökonomische Struktur dirigierten kollektiven Projektion beruht, oder dass die vermeintlichen ökonomischen Notwendigkeiten des Kapitalismus nicht etwa Naturgesetze, sondern nur eine hohe Ebene (manche sagen Übergangsform) im Rahmen einer komplexen historisch-gesellschaftlichen Entwicklung darstellen.

interpretatorischen Eingriff, wie er heute möglich ist,[100] statt der Sache einzig deren Illusionen über sich selbst dokumentiert.

Muss man aber nicht. Abseits der alten Debatte um den Erkenntnisgehalt eines fotografischen Bildes, die hier nicht weiter aufgerollt werden soll, darf man zumindest festhalten, dass ein mögliches ursprünglich zwingend dokumentarisches Potential des Films auf jeden Fall einer bildlichen Künstlichkeit Platz eingeräumt hat, die sowohl zur illusionären Übertölpelung als auch zur allegorisch verfremdeten Wiederspiegelung der Verhältnisse einlud. Die denkbar letzte Stufe der filmtechnischen Entwicklung, computergenerierte Bilder und ausdrücklich das sogenannte Morphing, womit ohne Verlust des Realitätseindrucks in die Oberfläche eines jeden dargestellten Objekts sich eingreifen lässt, bis es über mehrere Mischformen hinweg sich bruchlos in ein anderes verwandelt, vollzieht die Polarität der filmischen Beziehung auf Wahrheit in ihrer gespanntesten Form: reine Illusion, der kein abbildliches Vertrauen geschenkt werden darf, vs. Repräsentation auf höherer Ebene, die statt eines Faktums quasi dessen Seinsmodalität abzubilden vermag. Das Potential zur Dokumentation äußerer Gegenstände ist im kontemporären Film aufgehoben zur Manifestation ihrer Instabilität oder gar Metamorphosen, das Morphing hat es ermöglicht, der Darstellung des Seins im

---

[100] Und natürlich durch Mise en scène, Kadrierung, Montage und Vertonung immer schon war. Andererseits wurden sie in der Entwicklung der Filmkunst vorwiegend auf ihre "Unsichtbarkeit" hin geeicht, um die unvermeidlichen Schründe in der kinematographischen Repräsentation der Realität zu verdecken. Genauso sind die neuesten bildgenerierenden Erfindungen kein a priori dekonstruktives Instrument – wie die frühesten Gestaltungsmittel des Kinos steht und fällt ihr Verfremdungseffekt mit dem ästhetischen Willen der Macher.

Film eine greifbare Darstellung des Werdens und Vergehens hinzuzufügen.

Im Reigen der hier berücksichtigten Filme kommen computergenerierte Bilder nur zum Teil zum Einsatz, in unserer Reihenfolge erst seit *Wag The Dog*, das Morphing im engeren Sinne erst in *Dark City* und vor allem *The Matrix*. Dort ermöglichte es, ein ganzes Panorama massiver Körper in ihrer physikalischen Gestalt und Zusammensetzung sich verwandeln zu sehen und also sinnfällig nahezulegen, dass die Gegenstände in ihrer Substanz keiner inneren selbstidentischen Festigkeit gehorchen, sondern dem ordnenden Zugriff einer äußeren Macht unterliegen, so standfest sie auf den ersten Blick aussehen mögen. *Dark City* zeigt uns, mitsamt dem schlaflosen Murdoch, die Dinge nicht als "echte", sondern im Aggregatzustand ihrer einen bestimmten Zweck erfüllenden Zurichtung. Das Morphing ist ein filmisches Mittel, die materialen Zusammenhänge, die sich als unmissverstehbare Tatsachen gebärden, soweit zu dekonstruieren, dass sie als verzerrte und verhüllte sichtbar werden. Morphing gibt im besten Falle die palpable Anschauung eines wesenhaft unanschaulichen Phänomens, es macht das Unsichtbare sichtbar – die fiktionale Verfasstheit auch des vermeintlich rein Physischen, und das heißt: Ideologie in Reinform. Galt der rein fotografische Aspekt des Films noch als zuständig für die ungeschönte, dann ist es der digitale für die ideologische Realität.

So wäre denkbar, dass die Ausbildung der digitalen Filmkunst ein Schlüssel zu der aufgeworfenen Frage ist, warum zu einer Zeit, da der entwickelte Kapitalismus in jeden Winkel der globalen Aktionssphäre sich ausgebreitet hat und suggeriert, außerhalb seiner gebe es nur noch reaktionären Neufeudalismus bzw. auf der anderen Seite das kosmische Nichts, die kinematographische Materialisierung seines bestgehüteten Geheimnisses geschehen konnte. Der sich selbst nährende Gang der allseitigen kommerziellen Entwicklung hat die Instrumente seiner eigenen Erkennbarkeit hervorgerufen;

ganz im verrufenen Benjaminischen Sinne der Befruchtung von Erkenntnis- durch Wahrnehmungsfähigkeit könnten der technische Fortschritt in Richtung der alles Bestehende zur Disposition stellenden digitalen Bildbearbeitung und die damit einhergehende Einübung in neue Sehweisen überhaupt erst das ästhetische Sensorium bereitet haben, über die optischen Reize der avancierten Bildtechniken hinaus auch deren metaphysische Implikationen zu verarbeiten, also Erzählungen der genannten Art ersinnen bzw. mit unmittelbarem Verständnis rezipieren zu können, selbst wenn im einzelnen die neue Technik gar nicht zur Anwendung gelangte.[101] Der Gedanke, das ganz normale Leben sei zum großen Teil interessengeleitete Illusion, ist nun nicht mehr notgedrungen das süffisant tolerierte Genörgel altlinker Spinner, sondern Topos der Populärkultur.[102] Die allzugern verfemte Angewohnheit

---

[101] Um genau zu sein, hat keiner dieser Filme das Morphing erfunden; meiner Übersicht nach war in den Jahren um 1990 in Musikclips und Werbefilmen seine heutige Perfektion erreicht und zog nach und nach in den Kinofilm ein. Im übrigen hat ebenfalls die Science Fiction-Fernsehserie *Star Trek – The Next Generation* mitsamt ihren Ablegern (seit 1987), das gedanklich wohl umfassendste wie profundeste Volksepos der jüngeren Zeit, bedeutende Vorarbeit geleistet: vorneweg in der Erfindung (sowie popkulturellen Kanonisierung) des sogenannten Holodecks, das zum Amusement der Raumschiffbesatzung eine künstliche Umgebung auf der Basis materialer Holographie erzeugt, d.h. eine lückenlose und täuschend realistische Kulisse vor aller Augen sich aufbauen und wieder verflüchtigen lassen kann; desweiteren in Einzelfolgen wie "Phantasie oder Wirklichkeit" (NG xxx, 1993), worin eine Paranoia des Protagonisten angesichts kaskadenhaft durchstoßener Realitäts- bzw. Illusionsebenen erzeugt und mittels vor den Augen buchstäblich zerspringender Raumensembles visualisiert wird.

[102] Die aus der Ferne ähnliche, doch von aller kritischen Philosophie wesenhaft verschiedene Theorie des sogenannten radikalen Konstruktivismus (und ihrer populären Ausläufer im Cocktailpartyskeptizismus), die vor rund einer Dekade schick wurde

der Filmindustrie, zu jedem neuerfundenen optischen Trick seine optimale dramatische Verwendung zu suchen und nicht etwa umgekehrt, erfährt hier gleichsam ihre verdiente geschichtsphilosophische Adelung: War einst, so Benjamin, die analoge Filmkunst eine Einübung der menschlichen Apperzeption in eine urbane, industriell-abstraktere Daseinsweise, die sich nicht mehr ohne weiteres figurativ und in "humaner" Flüssigkeit erzählen ließ, so mag die digitale Filmkunst (auch wenn sie selten mehr als eine dienstbare Ergänzung der analogen ist), nach all ihren Möglichkeiten ausgebildet, über den Begriff hinaus die wirkliche anschauende Erkenntnis einer scheinhaften Welt erschaffen.

Den vorläufigen Abschluss unseres kleinen Filmsternbildes bildet *The Matrix* von Andy und Larry Wachowski (Buch & Regie, 1999), der sich überdies anschickt, als zukünftige Trilogie zu einem Opus Magnum sowie, neben der *Truman Show*, zu einer regelrechten Enzyklopädie des Komplexes von scheindurchwirkter Gesellschaft und Widerstand gegen ein auf ausgeblendeter Versklavung beruhendes System sich auszuwachsen. In diesem Fall ist es Thomas Anderson (Keanu Reeves), ein braver Angestellter einer Softwarefirma, der urplötzlich aus seiner Routine gerissen und in ein Land hinter den Spiegeln gestoßen wird. Schon länger durchsurft Anderson, der nach Arbeitsschluss seinen Hackernamen Neo trägt, das Netz auf der Suche nach Spuren eines mysteriösen

---

und postulierte, dass alle Realität eine Täuschung sei sowie Produkt unseres Gehirns, jenseits dessen nichts zu erwarten wäre, könnte ebenfalls die neuen Bilder für sich verbuchen wollen. Allerdings stünden da die erzählten Dramen vor, die allesamt nahelegen, dass hinter der thematisierten Scheinwelt eine wirkliche mit handfesten Interessen an ihr steckt. Im übrigen auch und gerade hinter solchen philosophisch schmalbrüstigen Theorien. Wie oben bereits angedeutet, mag man das 1997er L.A. von *The 13th Floor* als deren historische Einordung betrachten.

Terroristen namens Morpheus, der seinen Häschern immer wieder entwischt. Eines Nachts spricht das Netz ihn persönlich mit Namen an, lässt ominöse Bemerkungen über eine gewisse "Matrix" fallen und heißt ihn, dem weißen Hasen zu folgen. Neo versteht gar nichts, doch nachdem er einer Unbekannten die Haustür öffnet, die einen weißen Hasen als Tätowierung auf der Schulter trägt, folgt er ihr in einen Nachtclub. Dort spricht ihn eine geheimnisvolle ledergekleidete Frau mit Namen Trinity (Carrie-Ann Moss) an, die wir bereits aus der Eingangssequenz kennen, worin sie, mit artistischen Einlagen hart an der Grenze der physikalischen Logik, sich einer Kompanie polizeilicher Verfolger entledigte. Trinity eröffnet dem verblüfften Neo, dass er beobachtet werde und in Gefahr schwebe, und außerdem, dass sie wisse, warum er jede Nacht am Computer sitzt; sie selber habe "ihn" ebenfalls gesucht, und als er sie fand, sagte er ihr, dass sie nicht ihn gesucht habe, sondern eine Antwort auf die Frage, die auch Neo insgeheim die ganze Zeit umtreibe: Was ist die Matrix?

Am nächsten Morgen hetzt Neo wie gewohnt unausgeschlafen zur Arbeit, wo er mit der Post ein Handy geschickt bekommt. Es klingelt, und es meldet sich Morpheus, der Neo anweist, er müsse sofort fliehen, sie seien ihm auf den Fersen. Und wirklich, vom Fahrstuhl marschieren Herren in grauen Anzügen und dunklen Sonnenbrillen auf seine Box zu: Wie jüngst John Murdoch und wie überhaupt einst Kafkas Josef K. sieht sich Neo aus heiterem Himmel mit seiner Verhaftung konfrontiert. Nach gescheitertem Fluchtversuch landet er in einem Verhörzimmer irgendeiner Regierungsbehörde und muss Fragen eines Agent Smith (Hugo Weaving) nach seinen Kontakten zu Morpheus beantworten. Neo verweigert sich, woraufhin Smith dessen Schweigen mit einem zugewachsenen Mund bestraft; entsetzt stellt der verstummte Neo fest, dass es offensichtlich Naturgesetze gibt, die vor Verhörzimmern halt machen. Die Agenten injizieren ihm eine biomechanische Überwachungssonde und verfrachten ihn in sein Bett.

Kaum aufgewacht, bekommt Neo wieder einen Anruf von Morpheus, der ihn zu einem Treffen einlädt. Auf dem Weg dorthin extrahiert Trinity zur Spurenverwischung den just eingeführten Wurm, dann stellt sie Neo, in einer karg eingerichteten konspirativen Wohnung, ihrem Anführer Morpheus (Laurence Fishburne) vor. Der hat nun die Aufgabe, Neo in längeren Dialogen die wahre Gestalt der Welt und dessen Rolle in ihr auseinanderzulegen. Seit jeher lebe er, lebten alle die er kannte in einer Scheinwelt, die die ausdrückliche Funktion besitzt, ihre Insassen vom wirklichen Wesen der Dinge abzuschirmen.[103] Daraufhin hält Morpheus ihm zwei Pillen hin und stellt ihn an den Scheideweg: Nimmt er die blaue, werde er die vergangenen Stunden vergessen und weiterhin in glücklicher Unwissenheit leben, nimmt er die – sinnigerweise – rote, müsse er sein bisheriges geordnetes Leben hinter sich lassen und sich auf das Abenteuer der Wahrheit begeben.[104]

Neo greift natürlich die rote Kapsel und erlebt seine zweite, wahre Geburt: Er wird mitten aus der Oberwelt in einen uterinen Orkus gesogen und wacht nach einem

---

[103] Er fühle doch schon sein ganzes Leben, dass mit der Welt etwas nicht stimmt. "Wie ein Splitter in deinem Kopf, der dich verrückt macht. (...) Möchtest du wissen, was genau die Matrix ist? (...) Die Matrix ist allgegenwärtig. Sie umgibt uns, selbst hier ist sie, in diesem Zimmer (...) Du kannst sie spüren, wenn du zur Arbeit gehst, oder in die Kirche, und wenn du deine Steuern zahlst. Es ist eine Scheinwelt, die man dir vorgaukelt, um dich von der Wahrheit abzulenken. (Die Wahrheit), dass du ein Sklave bist, Neo. Du wurdest wie alle in die Sklaverei geboren und lebst in einem Gefängnis, das du weder anfassen noch riechen kannst. Ein Gefängnis für deinen Verstand."

[104] "Schluckst du die blaue Kapsel, ist alles aus. Du wachst in deinem Bett auf und glaubst an das was du glauben willst. Schluckst du die rote Kapsel, bleibst du im Wunderland, und ich führe dich in die tiefsten Tiefen des Kaninchenbaus. Bedenke, alles was ich dir anbiete ist die Wahrheit, nicht mehr."

regelrechten Höllensturz in einer biomechanischen Fruchtblase wieder auf, nackt, kahl und weiß wie ein Baby. Der Neugeborene wird von einer Art unterirdischen Raumschiffs geborgen und trifft dort alte Bekannte, Morpheus und Trinity mit ein paar wilden Gesellen, eine Hauptzelle des Widerstands, die den Untergrund zerstörter Megastädte durchkreuzt und sich gleichsam per Piratensender mit in den Nacken implantierten Interfaces in die Matrix einhackt, um dort die Saat der Rebellion zu verbreiten. Noch etwas befremdet angesichts des neuen Milieus[105] lauscht Neo der Fortsetzung des innerhalb der Matrix begonnenen Crashkurses in jüngerer Katastrophengeschichte – und bekommt die Schilderung einer Opernfassung der Dialektik der Aufklärung: "Welcome to the desert of real!"

Das ganze Leben, das er, Neo, bisher gekannt hat, sei ein Trugbild, "die Welt am Ende des 20. Jahrhunderts existiert nur noch als Teil einer neurointeraktiven Simulation, die wir als Matrix bezeichnen". In Wahrheit weiß niemand, in welchem Jahr genau sie leben. Anfang des 21. Jahrhunderts haben Maschinen mit fortgeschrittener künstlicher Intelligenz sich gegen ihre Schöpfer erhoben und in einem Krieg die Menschheit besiegt und unterjocht: Im Zuge der Selbsterhaltung legten sie riesige Felder mit zu quasi lebenslangen Föten degradierten Individuen an, auf ihre vegetativen Funktionen reduzierte Sklaven, deren Bioenergie sie als benötigte Kraftquelle abschöpfen. Integraler Bestandteil dieser Ausbeutungsanordnung ist jene kollektive Phantasmagorie, worin die Gedankenströme der nur noch wertschöpfenden Zellen beschäftigt und amüsiert werden, um diese in Gang sowie gleichzeitig im Zaum zu halten: "Die Matrix ist eine computergenerierte Traumwelt, die geschaffen wurde, um uns

---

[105] "Bin ich tot?" – "Weit davon entfernt."
"Warum tun meine Augen so weh?" – "Weil du sie noch nie benutzt hast."

unter Kontrolle zu halten. Für sie sind wir nicht viel mehr als (eine Batterie)."

Doch Widerstand ist möglich und nötig, denn "solange die Matrix existiert, wird die Menschheit niemals frei sein." Und als Bonbon hat Morpheus noch parat, dass er und einige andere ihn, Neo, für "Ihn" halten, *The One*, den langgesuchten Auserwählten, der laut einer Prophezeiung dereinst die siegreiche Rebellion gegen die Matrix anführen wird. Der ist vorerst noch verwirrter, doch nach weiteren Lektionen in metaphysischer Guerrillatheorie und -praxis[106] sowie der gewundenen Bestätigung durch ein Orakel fügt sich Neo in seine Rolle als Befreier. Binnen kurzer Zeit lässt er sich ebenso glatt in die Matrix einklinken wie seine Kombattanten und bewegt sich in der ihm nun tendenziell feindlichen Umgebung so gewandt wie ein Fisch im Wasser; er lernt, dass die Konzentration auf die Tatsache, dass selbst Naturgesetze und Fluss der Zeit in der Matrix nur physikalische Konventionen sind, zu der Fähigkeit verhilft, sie zu meistern bzw. zum Vorteil der eigenen Bewegungsfreiheit auszusetzen. Im Gegensatz zu den noch nicht Entkoppelten, die sich von der programmierten Schwerkraft unkritisch an den Boden fesseln lassen, wird Neo über Straßenschluchten springen, in der Luft schweben und die Zeit verlangsamen, um Projektilen auszuweichen.

Die Aufgabe kompliziert sich durch die Existenz jener grauen Herren, offiziell Agenten einer ungenannten Behörde,

---

[106] "Die Matrix ist ein System, Neo. Dieses System ist unser Feind. Was aber siehst du, wenn du dich innerhalb des Systems bewegst? Geschäftsleute, Lehrer, Anwälte, Tischler... Die mentalen Projektionen der Menschen, die wir zu retten versuchen. Bis es dazu kommt, sind diese Menschen immer noch Teil des Systems, und das macht sie zu unseren Feinden. Du musst wissen, dass die meisten von ihnen noch nicht so weit sind, abgekoppelt zu werden. Viele dieser Mensche sind so angepasst und vom System abhängig, dass sie alles dafür tun, um es zu schützen."

inoffiziell bescheidwissende Stellvertreter der Maschinen, die als selbstreinigendes Wächterprogramm der Matrix über ebenso meta-physikalische Fähigkeiten verfügen und jedes subversive Gebaren gnadenlos verfolgen – bis zur finalen Auslöschung, denn auch der echte Körper, so warnt Morpheus, könne ohne Geist nicht überleben. Oder, besser noch, bis zur Korrumpierung des der Illegalität überdrüssigen Cyphus (Joe Pantoliano), der bei einem Geheimtreffen mit Agent Smith einwilligt, für die Rückkehr in ein Leben voll süßer Ignoranz seine Genossen auszuliefern.[107]

Im Fortgang erleben wir Cyphus' Verrat, Neos Opfergang für Morpheus, Neos Auferstehung durch die Liebe Trinitys, wilde Duelle in Levitation sowie ausführlich zelebriertes Geballer mit jeder Menge Waffen. Das Ende, da der wiedergeborene Neo den Maschinen eine telefonische Kampfansage zukommen lässt[108], ist eher ein Anfang und die Überleitung zur Fortsetzung, *The Matrix: Reloaded*, die mitsamt dem dritten und abschließenden Teil 2003 zu erwarten ist.

Und die nebenbei zu den am sehnlichsten erwarteten Filmen der Geschichte gehören dürften – was nicht wirklich überrascht bei einem Werk, das aus dem Stand zu einem

---

[107] "Ich will nichts mehr wissen. Ich will alles vergessen. Hauptsache ist ich hab genug Geld. Und berühmt sein wär auch nicht schlecht. N Künstler oder so." Wer wollte da widersprechen.

[108] "Ich weiß dass Ihr irgendwo da draußen seid. Ich kann euch jetzt spüren. Ich weiß dass Ihr Angst habt. Angst vor uns. Angst vor Veränderungen. Wie die Zukunft wird weiß ich nicht. Ich bin nicht hier um euch zu sagen wie die Sache ausgehen wird. Ich bin hier um euch zu sagen wie alles beginnen wird. Ich werde den Hörer auflegen und den Menschen das zeigen, was sie nicht sehen sollen. Ich zeige ihnen eine Welt ohne euch. Eine Welt ohne Gesetze, ohne Kontrollen und ohne Grenzen. Eine Welt in der alles möglich ist. Wie es dann weitergeht, das liegt ganz an euch."

globalen popkulturellen Ereignis auswucherte, wobei dessen intellektuelle Resonanz der immensen kommerziellen[109] durchaus entsprach.[110] Da musste ja etwas faul sein, und so wurde dem Film vorgeworfen, in einem synkretistischen Furor alles zusammenzuschmeißen, was in Geistes-, Film- und Popgeschichte nicht niet- und nagelfest ist. In der Tat ist für jeden was dabei, vom Platonischen Höhlengleichnis zur göttlichen Vermittlung von res cogitans und res extensa bei Malebranche, von der Kritik der Frankfurter Schule an der Abrichtung des Kollektivbewusstseins durch die Kulturindustrie bis hin zum "großen Anderen" Lacans, jener allgegenwärtigen "virtuellen symbolischen Ordnung, (dem) Netzwerk, das die Wirklichkeit für uns strukturiert".[111] Weiterhin finden wir dort eine gehörige Portion jüdisch-christlichen Messianismus, die buddhistische Suche nach der

---

[109] Vulgo: Einspielergebnis. Es mag einem gefallen oder nicht, aber in einer Massenkunst wie dem kommerziellen Kino hat die Anzahl verkaufter Tickets eine gewisse rezeptionsästhetische Relevanz.

[110] Beispielsweise organisierte Elisabeth Bronfen das Karlsruher Symposium "Inside the Matrix" mit u.a. Peter Sloterdijk und Slavoj Zizek (z.T. dokumentiert in *Schnitt* Nr. 17, 1/2000, "Philosophie der Matrix"). Dass gerade die genannten Hochkaräter in ihrer Einschätzung des Films sich m.E. einigermaßen verstiegen haben, bezeugt weniger vergebene Liebesmüh als den Eindruck, dass der Film allem postmodernisierenden Denken bereits ein Stück weit enteilt ist. Etwa wenn Zizek fragt, was denn sei, "wenn eben dieser 'glückliche' Ausgang des Films pure Ideologie ist – wenn die Ideologie gerade im Glauben daran besteht, dass es außerhalb des endlichen Universums eine 'wahre Wirklichkeit' aufzusuchen gibt?" (S. 18). Grundsätzlich anfechtbare Weltanschauung – o.k., aber keine Ideologie in dem Sinne, dass derzeit irgendein ordnungsstabilisierendes Interesse an dieser Sichtweise existierte, wenn es das überhaupt je gab.

[111] Vgl. Zizek, a.a.O., S. 18ff., Zitat S. 19.

Wiedergeburt des religiösen Oberhaupts, Passionsgeschichte und Pietà, Verschwörungsparanoia, Guerrillaromantik, den ikonischen Ernesto Guevara[112] und den verborgenen Subcomandante Marcos, die Kampfkunst sowie Ballerchoreographien und Kitschoffensiven des fernöstlichen Genrekinos, viel Morphing, den Aufstand der Maschinen aus der *Terminator*-Reihe, einige Men in Black, und nicht zuletzt in der Musik (Don Davis) Anklänge an jenen Philip Glass, dessen Werk zur typischen, fast synästhetischen Begleitmusik zivilisationsthematischer Dokumentationen geworden ist.[113]

Andererseits sind die zahlreichen Stückchen weder zur (modernen) Collage montiert noch gar zum (postmodernen) Pastiche zusammengerührt, eher wirken sie wie aus unterschiedlichsten Quellen eingeschmolzen zu einem homogenen Fluss. Die Autoren haben aus ihrem Material, so weithergeholt oder reich konnotiert es sei, die dramatische Substanz extrahiert, die ihrer zentralen Motivation entgegenkommt, und die derart gereinigten Fragmente zu einem eigenständigen ästhetischen Gerüst ineinandergefügt, in dessen narrativer Statik ihren Elementen eine besondere Rolle zufällt, bzw. ihnen zum Teil überhaupt erstmals eine materiale

---

[112] Bis hin zu dessen Hang zum paradoxen Bonmot bezüglich des Aufstands gegen die Matrix: "Neo, noch niemand hat so etwas je versucht." – "Darum wirds auch funktionieren."

[113] Und, selbstverständlich, Motive aus den bisher behandelten Filmen, wie z.B. die desillusionistische Emanzipation der *Truman Show*, die Herstellung eines kompletten sich selbstorganisierenden Mini-Universums von *The 13th Floor*, die Ausbeutung durch dessen Herren von *Dark City* oder die (hier) biomechanischen Kopffüßler und anderen Unterseewesen von *eXistenZ*. Über diese Metapher der Dämonen aus der Tiefe hinaus birgt das Erdinnere in *The Matrix* noch eine utopische Potenz: Weit unten liegt die Fluchtburg Zion(!), die einzige noch von echten Menschen bewohnte Stadt.

Erklärung verliehen wird;[114] am deutlichsten wohl im Hinblick auf die nonchalante Ironisierung von Raum und Zeit im Hongkongkino, worin jene mit Zeitraffer und Zeitlupe überhöhten Nahkampfduelle und schwerkraftvergessenen wilden Sprünge zur augenzwinkernden Konvention gehören, die in der Matrix wiederum zum physikalischen Faktum sich differenzieren, das aus der Aufhebung als willkürlich entlarvter Naturkräfte sich herleiten lässt. Ähnlich die seit Anbeginn des Kriminalfilms verblüffende Kuriosität, dass der in einem ihm unbekannten Gebäude fliehende Held wie ferngesteuert stets die rettenden Türen oder Lüftungsschächte findet: Hier ist es der von außerhalb der Matrix beobachtende Verbündete mit erhacktem Zugang zu ihren Parametern, der schlicht den Gebäudeplan in die Hirne seiner bedrängten Genossen transferiert. Der äußerlichen Allgewalt über das Gefüge der Matrix jedoch entspricht das Ausgeliefertsein ihrer autochthonen Bewohner[115]: Durch die Hintertür erfährt das

---

[114] Überhaupt muss man festhalten, dass gerade auf der Bildebene der Film ein höchst originales Meisterstück vollbracht hat; sich selbst herausstellende Computertricks wie das Morphing waren zwar schon erfunden, aber selten so konsequent und reflektiert eingesetzt wie hier, wo wir z.B., während Neo die Zeit dehnt, einer Patrone beim Zerschneiden des virtuellen Raumgefüges und den von ihr ausgesandten atmosphärischen Heckwellen zusehen können. Andererseits sind speziell für *The Matrix* neuartige Effekte entwickelt worden, die atemberaubende Einstellungen wie jenen Schwenk um die im Sprung eingefrorene Trinity herum ermöglichten. Auf der visuellen Ebene ist der Film viel deutlicher stilbildend als eklektisch, was sich letzten Endes daran ermessen lässt, dass er seither in Musik-, Werbe- und sonstigen Filmen fortwährend zitiert und kopiert wird, von den ausgeklügelten szenischen Motiven bis hinunter zu den coolen Ledermänteln und Sonnenbrillen.

[115] Genauso der Eindringlinge, deren Superkräfte die Herren der Matrix per ontologischem Eingriff parieren, indem sie beispielsweise die Fenster und andere Fluchtwege des genannten Gebäudes flugs

lang widerlegte physikalische Konzept des Äthers seine Renaissance als Modell eines kollektiven Zustands,[116] allerdings in dieser modernen Version nicht mehr als neutral-notwendiges Medium aller Interaktion, in dessen stofflichem Raum die Körper sich nach ihrer Fasson tummeln wie ein Taucher im Wasser, sondern als zähflüssiges Plasma, das – ohne subversive lokale Verdünnung – seine festen Teilchen in ihrer Bewegungsfreiheit auf einen träge bemessenen Aktionsradius einschränkt. Nur dass die Bewohner der Matrix diese Immobilisierung schwerlich bemerken, solange sie nichts anderes kennen und ihr Erwartungshorizont nichts vorlegt, was ihre Physis nicht ausfüllen mag; wer nicht weiß, dass er über weite Abgründe springen könnte, d.h. wer nie die Matrix von außen gesehen hat, der versucht es gar nicht erst und stürzt ab, wenn er es aus anderen Gründen doch tut. Wo gedankliche Projektion und körperliche Realisierung so begrenzt wie weitgehend kongruent sind, da fällt es niemandem auf, wenn er ausschließlich in kalkulierten Mustern agiert, so reduziert er externen Beobachtern erscheinen mag.

Ebenso die von Zizek genannten – heterogensten – Theorien der individuellen Entmündigung durch eine äußere symbolische Ordnungsmacht. Eine jede trifft etwas Wahres, doch keine das ganze Wesen der Matrix. Die alleinige Kritik

---

mit Mauerwerk versperren. Übrigens, erklärt Trinity die ewige Frage, entstehe so ein Déjà vu: Wenn sie an der Matrix etwas ändern, könne es passieren, dass ein kurzer Vorgang sich wiederholt.

[116] Und mit ihm der alte sogenannte Laplacesche Dämon, der allwissend auf das Universum blickt und mit dem Wissen um den Zustand eines jeden Teilchens die Gesamtgestalt zu einem beliebigen Zeitpunkt, also dessen komplette Zukunft berechnen bzw. verwalten kann. Sofern niemand von außen hineinspielt – die subversive Unterminierung ist über die politische Bedrohung hinaus eine narzisstische Kränkung des Gestaltungsmonopols.

an der Massenkultur als industrieller Kolonisierung der Subjektivität verfehlt, dass die Subjekte bereits im alltäglichen Umgang sowie von Geburt an das System der Matrix inhalieren und nicht erst, wenn sie sich als Kunden in die Kulturindustrie einkaufen; und die Version, dass die Matrix eine Veräußerlichung von Lacans großem Anderen in einem real existierenden Mega-Computer darstelle, übersieht die strukturelle Feindseligkeit dieses symbolischen Gitternetzes, mit der es das Indivuum einer umfassenden Ausbeutung unterwirft. Sinnvoll addiert jedoch ergänzen sich diese Deutungsfragmente zu einer sie übersteigenden Resultante, der ikonisch-dramatischen Metapher einer phantasmagorischen Vorspiegelung unbeschädigten oder zumindest unausweichlichen bunten Lebens, deren Januskopf darin besteht, von ihrer so massiven wie seltsam ungreifbaren, gleichsam transzendentalen Unterdrückung abzulenken. Das Konzept der Matrix bietet die Möglichkeit, dem gesellschaftlichen Raum, der so gern postideologisch-neutral tut, die Maske der Newtonischen Leere und Handlungs-offenheit vom Gesicht zu ziehen und als von handgreiflicher Ideologie verzogenes Gewebe sinnfällig zu machen.

Mit anderen Worten: In der weitausholenden Synthese des Films werden die Bruchstücke des Motivvorrats, ob geisteswissenschaftlich oder popkulturell, einsichtig angeordnet statt wahllos geplündert und als Ensemble, pardon, vom Kopf auf die Füße gestellt, d.h. mit einer gemeinsamen und erklärungsmächtigen materialen Basis unterlegt. *The Matrix* konstruiert eine bildliche Verdichtung jenes Phänomens, das der moderne Marxismus im Umkreis der Frankfurter Schule mit der Theorie des Verblendungs-zusammenhangs und dessen Verschleierung von Ausbeutungs-und Entfremdungsmechanismen im Spätkapitalismus auf seinen Begriff brachte. Die nichtsdestotrotz metaphorisch bleibt, aber darin gerade eine Deutlichkeit an den Tag legt, die einem im jüngeren soziopolitischen Diskurs nicht mehr durchgelassen wird. So ernähren sich die Maschinen parasitär von ihren menschlichen Sklaven, indem sie ihnen ein virtuelles Spielfeld mit eigenen Regeln schufen, sie dort hineinsetzten und ihre in den dortigen zur Programmierung gehörigen Friktionen aufgeriebene Lebensenergie abzapfen; ein derart drastisches Verelendungsszenario ist mit guten Gründen aus der Diskussion verschwunden, nur um Jahrzehnte später in der phantastischen Überhöhung anstatt realer Misere abstraktere Strukturen freizulegen.[117]

Vor diesem Hintergrund ist im nachhinein die vermeintlich selbstverständliche Einschätzung der narrativen Gegenwart in den bisher untersuchten Filmen infrage gestellt: Was wäre, wenn das Publikum *nicht* aus der allwissenden Perspektive des jeweiligen Endes auf die Erzählung blickt, wenn es, draußen nach dem Kino, argwöhnen muss, sich selber noch auf der Stufe von Seahaven, von transCendenZ, von L.A. 1997, von Dark City oder eben der Matrix zu

---

[117] Sinnigerweise ist die Matrix in ihrer jetzigen Form nicht das erste Menschenexperiment gewesen, wie Agent Smith dem gefangenen Morpheus darlegt. "Wussten Sie, dass die erste Matrix als perfekte Welt geplant war, in der kein Mensch hätte leiden müssen? Ein rundum glückliches Leben. Es war ein Desaster. Die Menschen haben das Programm nicht angenommen. Es fielen ganze Ernten aus. Einige von uns glauben, wir hätten nicht die richtige Programmiersprache, euch eine perfekte Welt zu schaffen, aber ich glaube, dass die Spezies Mensch ihre Wirklichkeit durch Kummer und Leid definiert. Die perfekte Welt war also nur ein Traum, aus dem euer primitives Gehirn aufzuwachen versuchte. Die Matrix wurde neudesignt, zu dem was sie heute ist. Der Höhepunkt eurer Zivilisation." In diesem Resumé treffen sich aufs schönste die konservative sowie die streng marxistische Kritik am real verblichenen Sozialismus, er habe fatalerweise die unabänderliche Raubtiernatur des Menschen bzw. die Unmöglichkeit, historische Entwicklungsstufen zu überspringen, ausgeblendet. Unerwähnt, aber ableitbar und um einiges aussagekräftiger ist darüber hinaus, dass die neoliberale Matrix jeder sozialistischen, erfolgreich oder nicht, eins voraus hat: Weder Bummelstreik noch versöhntes Leben würden ausreichend Leid und damit verwertbare Reibungsenergie erzeugen.

befinden und in den bewegten Bildern der Befreiung aus der Illusion eine Art seismischer Erzitterung der eigenen denkbaren Zukunft wahrnimmt? – Eins ist dennoch klar: Dieser thematische Zyklus von Filmen allein wird mit Sicherheit keinen Umsturz der herrschenden Zustände hervorrufen, viel eher wird er mitsamt dem restlichen Mainstreamkino den Orkus der Moden hinabrauschen, denn die Narrenfreiheit des Satirischen wie des Phantastischen ist zweischneidig. Man darf Sachen aussprechen, für die "seriösere" Vertreter geköpft würden, was aber haften bleibt, ist meist nur die poppige Oberfläche. Auf der anderen Seite sind mit diesen Werken in den letzten Jahren bildliche Gestaltungen in die Welt gekommen, die ein für allemal aufräumen mit dem positivistischen Klischee, radikale Ideologie- bzw. Gesellschaftskritik sei nur unverbindliche Abstraktion, Aberglaube oder Verfolgungswahn. Niemand kann mehr behaupten, so etwas wie scheinhafte Wirklichkeit sei schlicht unvorstellbar, nachdem – selbst wenn sie im ökonomischen Sinne zur Gegenseite gehört – die moderne Technik, im besten benjaminischen Sinne, das bislang Unfassbare zum Vorschein gebracht hat. *The Matrix*, im Verbund mit den anderen Filmen und gleichzeitig als deren pointierte Synthese, hat den ersten Schritt getan und in der Popkultur eine Tür aufgestossen aus dem postmodernen Ennui der zynischen Ergebenheit und bodenlosen Ineinander-spiegelung leerer Zeichen, der aufgeweichten Begriffe sowie ironisierenden Posen, hin auf eine fundierte neomoderne Kritik des Bestehenden. Neo? Morpheus, der Namensvetter des griechischen Gottes des Schlafes, könne ihm nur die Tür zeigen, durchgehen müsse er selber: Zumindest im Kino schickt die Geschichte sich an, gut auszugehen. Der angekündigte letzte Teil heißt *The Matrix: Revolutions*.

(Teile dieses Textes sind erschienen in *Ausdruck – Ausstrahlung – Aura: Synästhesien der Beseelung im Medienzeitalter*, Hg. Karl Clausberg, Elize Bisanz, Cornelius Weiller; Hippocampus 2007)

Herstellung und Verlag:
BoD – Books on Demand, Norderstedt
ISBN 978-3-7528-4977-6